DES DÉGATS
CAUSÉS AUX CHAMPS PAR LES LAPINS.

RESPONSABILITÉ
DES PROPRIÉTAIRES ET LOCATAIRES
DE CHASSE

Notes sommaires et décisions diverses recueillies

PAR
Victor BAUDRAIN
Licencié en droit,
Juge de Paix à Le Quesnoy (Nord).

2me *Edition revue et mise au courant de la Jurisprudence*

avec Préface

PAR
L. Jullemier
AVOCAT A LA COUR D'APPEL DE PARIS.

PARIS
MARCHAL ET BILLARD.
Editeurs-Libraires de la cour de Cassation
27, PLACE DAUPHINE, 27.

1889.

DES DÉGATS
CAUSÉS AUX CHAMPS PAR LES LAPINS.

RESPONSABILITÉ
DES PROPRIÉTAIRES ET LOCATAIRES
DE CHASSE

DES DÉGATS
CAUSÉS AUX CHAMPS PAR LES LAPINS.

RESPONSABILITÉ
DES PROPRIÉTAIRES ET LOCATAIRES
DE CHASSE

Notes sommaires et décisions diverses recueillies

PAR

Victor BAUDRAIN

Licencié en droit,

Juge de Paix à Le Quesnoy (Nord).

2me *Edition revue et mise au courant de la Jurisprudence*

avec Préface

PAR

L. Jullemier

Avocat a la cour d'appel de Paris.

PARIS

MARCHAL ET BILLARD.

Editeurs-Libraires de la cour de Cassation

27, Place Dauphine, 27.

1889.

PRÉFACE.

L'ouvrage de Mr Baudrain publié en 1886 sur *les dégats causés aux champs par les lapins et la responsabilité des propréétaires et locataires de chasse*, a obtenu le succès qu'il était en droit d'attendre et la meilleure de toutesles sanctions du succès, la plus vraie, la plus incontestable, c'est l'édition nouvelle.

On a beaucoup dit, beaucoup écrit sur cette question délicate. Mr Baudrain n'a pas eu la prétention d'innover, d'affirmer un système absolu, de rompre en visière avec une jurisprudence établie, il a fait mieux et surtout plus utile que cela.

Dans une esquisse rapide il nous a dessiné le lapin, il a décrit sa fécondité, énuméré ses méfaits depuis 1355, (s'excusant presque de ne pas remonter plus haut), mentionné les mesures prises ou projetées contre ce rongeur, enfin il est arrivé à cette conclusion qu'on a beau faire la guerre à outrance au lapin et tâcher de l'exterminer jusqu'au dernier, c'est lui qui restera toujours le maître.

J'avoue pour ma part que j'ai été très heureux de rencontrer cette affirmation si nette dans le livre impartial et modéré de l'honorable magistrat.

C'est une excellente démonstration de la nécessité pour les tribunaux d'admettre le dommage normal en faveur duquel j'ai rompu tant de lances, et qui paraît maintenant définitivement adopté par tous les tribunaux.

J'aurais aimé à voir cette question du dommage normal traitée à fond par Mr Baudrain; j'aurais voulu lui voir combattre cette tendance de certains magistrats d'évaluer régulièrement le dommage à une partie fixée d'avance — par exemple au quart ou au cinquième — du dommage total.

C'est une inconséquence que j'ai rencontrée dans bien des jugements.

Tout le dommage peut être normal, comme dans certaines circonstances la déduction pour dommage normal doit être inférieure au quart ou au cinquième.

Mais Mr Baudrain s'est interdit les théories personnelles pour laisser à son ouvrage un caractère encyclopédique; et nous ne saurions l'en blâmer.

Celui qui a lu attentivement son livre sait tout ce que l'on doit savoir sur la question des dégats commis par les lapins; — il est fixé dès le premier chapitre sur les bases générales de la responsabilité ; il est parfaitement guidé au second chapitre au milieu des nombreux arrêts et jugements qui déterminent en fait la faute, la négligence et l'imprudence (et ce n'est pas chose facile).

Viennent ensuite les questions de compétence et de procédure. Il ne faut pas se figurer que ce soient des points insignifiants ; ils ont au contraire la plus grande importance.

Une procédure manquée équivaut quelquefois à une année de récolte perdue, car il ne faut pas oublier que la preuve du dommage incombe au demandeur, que s'il ne fait pas cette preuve par des expertises régulières en temps utile, ensuite il sera trop tard : les récoltes auront disparu et avec elles les moyens de constater les dégâts.

Nous ne saurions donc trop recommander l'ouvrage de Mr Baudrain aux chasseurs qui comprendront qu'ils ne doivent pas pour un plaisir futur laisser pulluler à l'excès le lapin, et aux fermiers qui y rencontreront les moyens d'appuyer de justes et honnêtes réclamations. Nous n'avons jamais prétendu que le chasseur pût impunément par sa négligence et sa faute causer un dommage à son voisin.

Mais ce qui nous plaît particulièrement dans le succès du volume c'est qu'il doit avoir plutôt pour effet d'arrêter les spéculations éhontées de prétendus cultivateurs qui exploitent plus volontiers le voisin chasseur que leurs propres champs ; qui jettent les hauts cris pour quelques coulées et quelques grattis, exagèrent les demandes, ameutent le pays, font nommer des experts qui sont plutôt des compères et obtiennent d'un riverain qui a chassé comme il convenait et n'a jamais eu dans ses bois qu'un nombre normal de lapins, une indemnité à laquelle ils n'ont pas droit.

Voilà pourquoi nous souhaitons et prédisons un véritable succès à la nouvelle édition de cet utile recueil.

L. Jullemier,
Avocat a la Cour de Paris.
Docteur en droit.

10 Juin 1889.

CHAPITRE I.

MESURES PRISES EN TOUT TEMPS CONTRE L'INVASION DES LAPINS.

IMPORTANCE DES DÉGATS COMMIS PAR CES ANIMAUX

GUERRE ENTRE PROPRIÉTAIRE ET FERMIER.

DU LAPIN.

SA FÉCONDITÉ. — SES DIFFÉRENCES AVEC LE LIÈVRE.

La question des dommages commis aux champs par les lapins, et de la responsabilité qui peut incomber au propriétaire ou au locataire de chasse, est loin d'être nouvelle.

De tout temps, elle a préoccupé le monde cynégétique et agricole, et les vieux monuments de jurisprudence sont là pour attester les efforts tentés autrefois comme aujourd'hui, dans le but d'arrêter l'invasion de ces animaux sauvages si nuisibles à nos propriétés.

En 1669, pour ne pas remonter plus haut (1), on vit déjà surgir tant de procès concernant les *garennes* que l'autorité supérieure, émue des plaintes formulées par les fermiers, fut obligée de prendre des mesures énergiques pour protéger les campagnes désolées par les lapins :

Une ordonnance rendue à cette époque prescrivait « aux officiers des eaux et forêts « à peine de cinq cents livres d'amende et de « suspension de leur charge pendant une « année de faire procéder, dans les six mois « de la publication de la dite ordonnance, à » la fouille et au renversement de tous les « terriers avec des furets et des bourses. »

Plus tard un arrêté du conseil portant la

---

(1) Dès l'année 1355, le 28 décembre, JEAN, roi de FRANCE, rendit une ordonnance aux termes de laquelle il était interdit à tout propriétaire d'établir à l'avenir de nouvelles garennes ; — et par contre, chacun était autorisé à chasser pour détruire les anciennes.

Le 23 Mai 1413, sous CHARLES VI, et en 1515 sous FRANÇOIS Ier, parurent d'autres ordonnances en faveur des fermiers qui se plaignaient de la dévastation de leurs champs par les lapins. (*Voir A. SOREL, dommages aux champs causés par le gibier*).

date du 21 Janvier 1776, ordonna la destruction totale des lapins : « les habitants des « campagnes qui subissaient leurs dégats « pouvaient présenter requête aux intendants « et commissaires répartis dans la province, à « l'effet de requérir l'exécution de l'ordonnance « et se transporter en nombre suffisant dans « les forêts pour procéder à la destruction de « ces animaux, sous la surveillance des agents « forestiers » (1)

Deux ans après, le *Parlement de Paris*, dans *son arrêt du 21 Juillet* (2) établissait les règles à suivre pour constater l'importance du préjudice que pourrait à l'avenir occasionner le gibier dans les terres ensemencées ; et l'année suivante (1779) un autre arrêt prescrivit les formalités à remplir par ceux qui voudraient en justice, intenter une action de cette nature.

Depuis, et malgré toutes ces mesures, le

(1) Le texte de l'arrêt du conseil est rapporté en entier dans le répertoire de MERLIN, V. Lapins.

(2) Cet arrêt est en partie énoncé au Chapitre V, ci-après.

lapin ne cessa d'inspirer une terreur qu'expliquaient, en la justifiant, les plaintes de plus en plus répétées des propriétaires ou fermiers lésés ; et pour tenter de mettre un terme à d'incessantes réclamations (1), une campagne non moins active qu'autrefois fut, dans ces temps derniers, ouverte contre l'envahissement et la propagation de ce gibier.

L'État d'abord, en affermant le droit de chasse dans ses bois et forêts, non seulement imposa formellement aux adjudicataires l'obligation de détruire le lapin, mais détermina les moyens à employer par eux pour parvenir à cette destruction. (Cahier des charges des 21 Juillet 1845 et 22 mai 1863).

D'un autre côté, le Sénat en 1877, saisi de

---

(1) TOUSSENEL dans l'esprit des bêtes dit que : « Bon « an mal an, les tribunaux de France ont à prononcer « contre *les lapins*, des condamnations à des cent mille « francs de dommages-intérêts et plus ». La vérité est que, là où le lapin a élu domicile la grande culture éprouve des dommages qui se chiffrent souvent par 5 ou 6000 francs par exploitation et que la petite culture subit en détail des pertes relativement considérables.

cette question, prit en considération la pétition adressée par les habitants d'une commune de Seine et Marne. Ceux-ci après avoir signalé les ravages causés à la propriété et les pertes énormes dont ils étaient victimes, demandaient instamment que ces ennemis acharnés de leurs récoltes fussent classés définitivement parmi les animaux nuisibles, et que tout propriétaire fut forcé en tout temps et par tous les moyens de procéder à leur extermination.

Plus récemment, la Chambre des Députés renvoya à une commission spéciale un projet de loi qui avait pour but de rendre le propriétaire d'un bois responsable *de plano* des dommages causés aux récoltes par le gibier, et notamment par les lapins, à moins qu'il n'abandonne complètement son droit de chasse dans sa propriété.

L'an dernier enfin, fut déposé par plusieurs députés un autre projet de loi tendant à la défense des terrains en culture contre les dégats du gibier.

L'exposé des motifs de la proposition faisait remarquer que jusqu'ici les lois votées ou simplement préparées sur la chasse s'étaient occupées presque exclusivement du chasseur et du gibier ; mais qu'il existait une autre catégorie d'intérêts, auxquels il était juste et urgent de donner satisfaction : c'était la classe des propriétaires ruraux ou fermiers dont les domaines voisins de chasses domaniales ou privées, étaient dévastés par le gibier.

Les signataires du projet proposaient, pour remédier à cette situation, le vote d'une loi nouvelle en sept articles, dont voici la principale disposition :

« Tous propriétaires, possesseurs ou fermiers « pourront, en tout temps, par tous les « moyens et engins, détruire le gibier nui- « sible dans leurs récoltes non closes. Le « gibier nuisible sera désigné chaque année « par le préfet à la date et dans la forme « ordinaire. » (1)

---

(1) En Belgique, une disposition spéciale, en ce qui concerne les dommages causés par les lapins aux fruits et récoltes, a été introduite dans la loi sur la chasse, laquelle a été votée le 28 février 1882 : Les indemnités à payer par les propriétaires et locataires de chasse,

Mais jusqu'à ce jour, aucune solution n'a été donnée à cette question si importante pour nos propriétaires et fermiers ; et en attendant le vote d'une loi qui règle définitivement sur ce point les droits et devoirs de chacun d'eux, nous continuerons à assister à cet inévitable conflit entre un riche propriétaire ou locataire de chasse, qui presque toujours cherche à lasser son adversaire en épuisant tous les moyens de juridiction, — et le cultivateur devenu exigeant et insatiable lorsqu'il s'agit de débattre avec lui le chiffre de l'indemnité qui peut lui être du.

*
* *

Si nous voulons rechercher la cause principale des dégats considérables causés par

---

énonce-t-elle, sont portées *au double* au profit des victimes des dégats.

De plus, si une trop grande quantité de lapins, dans un canton, porte préjudice aux campagnes, outre le droit qu'a le propriétaire, le possesseur ou le fermier, de détruire en tous temps les animaux nuisibles qui lui portent préjudice, le ministre de l'intérieur, après avoir pris l'avis de la députation permanente du Conseil provincial, peut autoriser la destruction de ces quadrupèdes en y mettant certaines conditions.

le lapin, nous la trouvons dans *sa merveilleuse fécondité.*

Il n'existe pas, paraît-il, une autre espèce de gibier qui se répande aussi facilement dans une forêt, et se multiplie dans des proportions plus effrayantes que cet animal.

Un écrivain anglais, sir WOTTEN, pour démontrer la fécondité proverbiale du lapin, affirme qu'une seule paire placée dans une île a fourni 6000 lapins au bout d'une seule année.

Un autre anglais, Nemrod émérite, sir AUSTIN, ayant laché dans sa propriété quatorze lapins, en tua quelques années plus tard 14,250 ; et malgré ce massacre il en restait encore un grand nombre (1)

Prenons, entre mille, un exemple plus frappant encore : Les États de Victoria et de

(1) Il a été même calculé par quelques mathématiciens fantaisistes qu'un seul couple de ces animaux dans l'espace de 4 ans pouvait fournir une postérité de 1.274.840 lapins, le tout à raison de 7 portées de 8 lapins chacune par an, les petits arrivant à la puissance générative dès l'âge de 6 mois.

la Nouvelle Galles du Sud étaient depuis plusieurs années en proie à la plus pitoyable désolation, à la plus humiliante terreur, — *la terreur du lapin*, — comme on l'appelait là-bas.

Les journaux anglais nous ont fait un tableau navrant de ces malheureux pays ; nous cueillons dans l'un d'eux paru en Juillet 1887 le récit des faits suivants :

« On ne se serait jamais douté que
« le lapin — qui passe proverbialement pour
« devoir fournir trois mille francs de rente à
« qui sait et possède à fond l'art de l'élever —
« put jamais devenir un fléau. C'est pourtant
« ce qui est arrivé dans la colonie anglaise
« d'Australie où d'imprudents amateurs de
« gibelotte avaient inconsidérément acclimaté
« ce frère cadet du lièvre.

« Le lapin s'est tellement multiplié sur ce
« sol vierge, qu'il est, en quelques années,
« devenu littéralement un danger public : Des
« terres autrefois de grande valeur se vendent
« actuellement 10 schellings l'acre, soit environ
« 25 francs l'hectare.

« Plus de douze millions d'acres sont en « proie aux dévastations de l'ennemi, dont la « dent rongeuse n'épargne rien. Des cultures « florissantes, des vergers magnifiques sont « détruits, rendus impropres à toute exploi- « tation et inhabitables pour tous les animaux « si ce n'est pour les lapins.

« Là, par exemple, où en 1875 on élevait « 700.000 moutons, on en élève plus aujour- « d'hui que 100.000, ce qui représente une « perte annuelle d'environ dix neuf millions « de francs.

« On fait pourtant un carnage invraisem- « blable de lapins dont on a tué plus de 18 « millions en moins de trois ans

« On ne mange plus là bas que du lapin ; « les domestiques, avant de s'engager, stipu- « lent qu'on leur servira, au moins une fois « par semaine, autre chose que du lapin.... « La même chose se passait autrefois en Ecosse « pour le saumon.... Il s'est fondé partout « des manufactures de conserves inondant « toutes les parties du monde de lapin sous « toutes les formes... On fait même du fumier

« avec la chair inemployée de lapins massacrés.

« Des équipes de chasseurs, dont c'est « l'unique profession, parcourent le pays en « tous sens aux frais des États et des « communes, fusillant à tort et à travers « les pauvres lapins qui échappent aux piéges « tendus un peu partout.

« On a fait mieux : on a mis à prix la tête « des lapins tout comme s'il s'agissait de « vulgaires insurgés irlandais. Rien que « dans la colonie de Victoria, l'administration « a dépensé 24 mille livres sterling « (600.000 francs) en primes aux tueurs de « lapins et l'initiative privée n'a pas consacré « moins de 375,000 francs à des efforts « analogues...... Rien n'y a fait.

« En dépit de toutes ces hécatombes, les « lapins pullulent si prodigieusement que « les moutons ne trouvent plus de quoi « brouter, et sont obligés d'abandonner leurs « paturages ordinaires devant cet enva- « hissement qu'aucune barrière ne saurait « ralentir. »

Le *Graphic* de Londres ajoutait de son côté :

« Les lapins viennent par bandes « innombrables, pénètrent partout, dévorent « tout, ne laissant derrière eux que la misère « ou la ruine. En tue-t-on dix, ils renaissent « cent. Comment exterminer des ennemis « si nombreux ? Propriétaires et tenanciers « ne cessent de provoquer assemblées et « conférences où sont émises les propositions « les plus énergiques et parfois même les « plus bizarres. Quelques-uns n'ont-ils pas « voulu construire un fossé de 90 milles « autour des deux États, ou bien une haute » palissade de bois de fer que ces dangereux « herbivores ne pourraient ronger comme de « simples choux ? Cependant, tandis qu'on « discute, les lapereaux deviennent lapins, « et les lapins dévorent de plus en plus. Jamais « depuis la morue, on ne vit telle fécondité.

» On s'est enfin arrêté à la mesure la plus « naturelle, — proposée la dernière. Chaque « propriété sera entourée, à frais communs, « d'un large fossé à l'épreuve du lapin *(rabbit-« proof)*. A l'épreuve du lapin ? Nous ne « comprenons pas clairement comment les

« Australiens atteindront ce résultat. Le
« rempliront-ils d'eau à l'intention de ces
« rongeurs anti-aquatiques ? de casseroles-
« épouvantails, ou de toquets de mitrons
« effrayants ? Arriveront-ils ainsi à conjurer le
« fléau et à réduire le lapin à son état normal,
« c'est-à-dire à l'état de future gibelotte ? Nous
« le souhaitons, sans trop y croire. »

Certes, ces exemples peuvent paraître invraisemblables ; mais, en admettant même qu'ils ne soient pas exempts d'exagération, il est un fait incontestable et incontesté : c'est la prodigieuse facilité avec laquelle le lapin se reproduit et se propage là où il a élu domicile.

Faites-lui la guerre à outrance, tachez de l'exterminer jusqu'au dernier, c'est lui qui restera toujours le maître ; car peu de temps après vos chasses et battues, cette population que vous pensiez anéantie, réapparaîtra bientôt, grâce à ses terriers et surtout à cette puissance de reproduction dont ne jouissent pas les autres animaux sauvages ; avantages qui font sa force et qui la rendent si redoutable.

*
* *

Il n'est donc pas surprenant qu'un animal aussi fécond ait fourni matière à tant de réclamations et de procès, et qu'il ait mis si souvent en jeu la responsabilité du propriétaire ou locataire de chasse, tandis que les autres espèces de gibier, telles que le lièvre, le faisan le chevreuil etc., ont très rarement donné lieu à une action en justice.

En outre, nous pouvons attribuer une partie des craintes légitimes qu'inspire le lapin à ses habitudes sédentaires : le lapin en effet, ne voyage pas ; il ne se plaît qu'au milieu des terriers qui l'ont vu naître et ne ressemble nullement sous ce rapport au *lièvre* qui est un animal essentiellement nomade, vivant à la surface du sol et fréquentant la plaine comme le bois.

A ces différences entre le lièvre et le lapin ajoutons qu'ils s'entendent mal entre eux. Là où les lapins sont nombreux, on rencontre ordinairement peu de lièvres qu'ils tourmentent à ce point que ceux-ci finissent par céder la place à leurs petits mais implacables ennemis.

Les lièvres ne doivent donc pas être assimilés aux lapins dont les mœurs et les habitudes ne sont pas les mêmes, soit à raison de la permanence de leur établissement dans les lieux où ils se réfugient, soit à raison de leur rapide multiplication

*
* *

Il suit de là qu'une distinction importante est aussi à établir au point de vue de la responsabilité du propriétaire ou locataire de chasse, suivant que cette responsabilité sera engendrée par les dommages causés par les lièvres, faisans etc, (et alors elle est, à notre avis, [1] faiblement engagée) ou bien par *ceux commis par les lapins.*

---

(1) L'action en réparation du préjudice causé par le lièvre ne doit cependant pas être nécessairement écartée ; car si, pour le plaisir de la chasse, un propriétaire introduit des lièvres dans son bois ; si par des moyens quelconques, il augmente le nombre de ceux qui s'y rassemblent par l'instinct, il peut alors être reconnu responsable. En effet, il commet, dans ce cas une imprudence des suites de laquelle il doit répondre envers ceux qui peuvent en souffrir.

Ce dernier cas est de beaucoup le plus intéressant ; et, comme les questions qui s'y rattachent se présentent fréquemment dans la pratique, nous avons cru de quelque utilité de parcourir la jurisprudence et de rapporter ici les principales décisions intervenues en cette matière.

Et, ce principe de responsabilité étant admis, il va de soi que pour les lièvres et les autres espèces de gibier à l'exception du lapin, le juge devra se montrer plus difficile à accepter la preuve du dommage et la faute du défendeur.

Cependant la Cour de Cassation, par un arrêt du 24 Juillet 1860 rendu par la Chambre des requêtes, a décidé qu'il n'y avait aucune raison pour établir une distinction entre *les lièvres* et *les lapins*. au point de vue de la responsabilité qui incombait aux propriétaires et locataires de chasse.

CHAPITRE II.

Caractères de la Responsabilité.

GARENNE OUVERTE. — GARENNE FERMÉE.
PRINCIPES DE LA RESPONSABILITÉ.

CHAPITRE II.

Caractères de la Responsabilité.

GARENNE OUVERTE. — GARENNE FERMÉE.
PRINCIPES DE LA RESPONSABILITÉ.

Il y a lieu tout d'abord de distinguer entre le propriétaire ou le locataire d'une chasse, qui a entouré son bois d'une cloture continue faisant obstacle à toute communication avec les héritages voisins, ou qui a disposé, *à dessein,* son terrain pour réunir et nourrir des lapins ; — avec celui qui possède une forêt dont les lapins à l'état libre, peuvent passer d'un bois à un autre, d'un terrier sans destination à un autre terrier. [1]

(1) Cette distinction est parfaitement établie dans un Jugement rendu le 11 Novembre 1885, par le Juge de paix du canton Est de Dunkerque. — (voir le texte à la fin de ce chapitre. — N° 12 des décisions).

Car le propriétaire qui, par des actes patents et manifestes annonce l'intention de conserver dans son domaine des lapins, peut être réputé en avoir la propriété ou être considéré comme en ayant l'usage et la garde. Ces animaux deviennent alors *res privatæ*, et l'endroit où ils se trouvent s'appelle *garenne fermée* ou plus souvent *garenne.* (1)

Mais il en est autrement, lorsque guidés par le seul instinct et sans qu'il n'ait rien été fait pour les attirer, les lapins établissent dans un bois leurs terriers ; en ce cas, on ne saurait avoir de propriété sur des animaux

---

(1) Une *garenne* n'est donc pas nécessairement entourée d'une clôture qui en défende l'accès ; cette expression est employée pour désigner un lieu qui, par le fait du propriétaire est spécialement destiné à la garde et à la nourriture des lapins. — Pour considérer un terrain comme *garenne,* il ne suffit pas que les lapins apportés ou non par le propriétaire y pullulent ; il faut comme condition expresse, que le fait du propriétaire soit très manifeste et dénote formellement son intention de transformer son terrain en une réserve à lapins. — Ces animaux sont alors considérés comme faisant partie du fonds, et aux termes de l'art. 524 du code civ., ils deviennent immeubles par destination.

sauvages, errants, cherchant et trouvant abri et refuge sur un terrain (1) ; car, le gibier en liberté étant essentiellement *res nullius,* n'appartient à personne.

Conséquences : Celui qui dérobe un lapin dans une *garenne* commet un vol (art. 379 code pen.) et peut être poursuivi de ce chef devant les tribunaux correctionnels, tandis que celui qui prend un lapin dans un bois autre qu'une garenne commet simplement un délit de chasse et n'est passible que des peines portées contre ce délit dans la loi sur la chasse.

*
* *

C'est surtout au point de vue de la responsabilité que cette distinction offre une importance considérable :

En effet, si le gibier contenu dans une garenne appartient au propriétaire du sol, il

---

(1) Ce terrain est alors appelé *garenne ouverte.* — en opposition, à garenne fermée.

Mais, lorque la propriété est boisée, on emploi rarement cette expression *garenne ouverte* ; celle de *bois* ou *forêt* est plus fréquemment usitée.

s'ensuit que ce dernier doit nécessairement répondre des dommages causés par ses propres lapins et qu'il tombe ainsi sous le coup de l'art. 1385 du code civil (1).

Ce point ne présente pour nous qu'un intérêt secondaire, et nous ne le signalons ici que pour établir les principes qui servent de base à la responsabilité du propriétaire.

Mais dans le deuxième cas, (celui qui fait l'objet de nos recherches) la question est bien plus délicate ; la responsabilité n'est plus la même, et le propriétaire dont les lapins sortis de son bois — qui n'est pas une *garenne* dans le vrai sens du mot — ont occasionné des dégats aux champs limitrophes, ne peut plus être utilement actionné qu'en vertu des articles 1382 et 1383 du code civil qui sont ainsi conçus :

« Art. 1382. Tout fait quelconque de « l'homme, qui cause à autrui un dommage,

---

(1) Article 1385 code civ. « *Le propriétaire* d'un animal ou celui qui s'en sert pendant qu'il est *à son usage* est responsable du dommage qu'il a causé, soit que l'animal fut égaré ou échappé ».

« oblige celui par la *faute* duquel il est arrivé, « à le réparer.

« Art. 1383. Chacun est responsable du « dommage qu'il a causé non seulement « par son *fait*, mais encore par sa *négligence* « ou par son *imprudence.* »

C'est l'application de ces deux articles qui est à juste titre invoquée en pareille matière : ils nous démontrent que, contrairement au principe contenu dans l'art. 1385 cité plus haut, la responsabilité encourue par les propriétaires de bois et forêts relativement aux dégats commis par les lapins aux récoltes, *n'est point absolue ;* et que l'action à laquelle elle peut donner lieu ne saurait être nécessairement et toujours admise. En effet, cette responsabilité que prévoit la loi ne peut être prononcée qu'autant que le dommage, objet de la plainte, a été causé *par le fait, la négligence ou l'imprudence* de celui qui en est l'auteur.

Ainsi donc, la responsabilité du propriétaire trouve sa source dans le *quasi délit,* et c'est à bon droit que le principe suivant a été consacré par une jurisprudence constante :

Les dommages causés aux récoltes des propriétés voisines par les lapins séjournant dans les bois non constitués à l'état de garenne n'engagent point, de plano, *la responsabilité du propriétaire des dits bois ou du locataire de la chasse. Sa responsabilité ne peut être engagée que si une négligence est relevée à sa charge ou s'il a à s'imputer un fait ou une imprudence constituant une faute.*

Sur ce point les décisions sont nombreuses et parfaitement explicites ; nous n'en citerons que les plus récentes :

Cour de cassation Ch. civ. 22 Juin 1870.
Dal. p. 1870, 1.408 (V. décision n° 1)

id. Ch. civ. 21 Août 1871.
Gaz. p, 1871. 241 (V. décision n°. 1)

id. Ch. req. 22 Avril 1873.
Dal. p. 1873. 1.476 (V. décision n° 43 bis)

id. Ch. req. 6 Janvier 1874.
Dal. p. 1874. 1.437 (V. décision n° 3)

id. Ch. req. 5 Juillet 1876.
Dal. p- 1878. 5.409.

id. Ch. civ. 18 Juin 1878.
Dal. p. 1879. 1.39 (V. décision n° 4)

id. Ch. civ. 5 Août 1879.
J. de p. 1879. 1201 (V. décision n° 5)

Cour de Cassation. Ch. req. 3 février 1880.
Dal. p, 1880. 1.304 (V. décision n° 6)
id. Ch. civ. 17 Août 1880.
Dal. p. 1881. 1.176 (V. décision n° 7)
id. Ch. req. 16 mai 1881.
Dal, p. 1882. 1.14 (V. décision n° 8)
id. Ch. req. 7 novembre. 1881.
J. de p. 1883. 1.501 (V. décision n° 9)
id. Ch. req. 1er mars 1882.
Dal. p. 1883. 1.176 (V. décision n° 10)
Justice de paix de Nesle 10 Août 1883.
inédit (V. décision n° 11)
Cour de cassation Ch. req. 24 décembre 1883.
J. du p. 1884. 1.236 (V. déc. à la table)
Justice de paix de Dunkerque 11 Novembre 1885.
(V. décision n° 12)
Tribunal civil de St Calais 25 mars 1887.
Gaz. du p. 28 Avril 1887 (V. décision n° 13)
Justice de paix de Dourdan 28 Octobre 1887.
(V. décision n° 14)

Ce principe posé, il s'agit de faire connaître quelles précautions doit prendre, d'un côté le *propriétaire* d'un bois, dont le gibier et notamment le lapin menace les propriétés voisines, pour être à l'abri de tout reproche ; et d'un autre côté le *fermier* pour être en droit de réclamer une indemnité ?

Quand y a-t-il faute et faute suffisamment constatée ?

A quel moment la négligence est-elle répréhensible ? etc. . . . . .

En un mot quelles sont les conditions que doit réunir l'action en responsabilité exercée en vertu des articles 1382 et 1383 du code civil ?

C'est ce que nous nous proposons d'examiner dans le chapitre suivant.

Le paragraphe premier contiendra le relevé 1° des principales circonstances ayant entraîné la responsabilité du propriétaire ; 2° et des faits qui peuvent être reprochés au riverain, faits dont la constatation a eu pour conséquence soit la réduction de l'indemnité, soit encore le rejet de la réclamation.

Dans le deuxième paragraphe nous dirons quelques mots sur *l'existence* du dommage éprouvé par le demandeur, et sur *la preuve* à fournir, des faits constituant la faute.

DÉCISIONS.

N° 1. *Cour de Cass. ch. civ. Arrêt du* 22 *Juin* 1870.

Attendu que le propriétaire d'un bois autre qu'une garenne n'est pas responsable de plein droit des dégâts causés par les lapins qui se rassemblent dans ce bois ; que ces lapins n'étant ni sa propriété, ni en sa possession, ni sous sa garde, l'art. 1385 c. civ. n'est pas applicable, et que le propriétaire ne peut être recherché que s'il y a eu de sa part faute, négligence ou imprudence dans les termes des art. 1382 et 1383, en laissant les lapins se multiplier par suite du refus qu'il aurait fait de les détruire ; que le jugement attaqué se borne à constater que les dégats dont se plaignaient Bonchard et consorts avaient été causés par des lapins sortis du bois de de la Marlier, sans relever à sa charge aucun fait qui fut de nature à justifier une demande en dommages-intérêts contre lui ; — D'où il suit qu'en accueillant cette demande, le tribunal civil de Chartres a violé les articles de loi sus visés ; — Casse.

N° 2. *Cour de Cass. ch. civ. Arrêt du* 21 *Août* 1871.

Attendu que le propriétaire d'un bois dans lequel se trouvent des lapins réunis par leur instinct naturel, n'est point responsable des dégats causés aux héritages voisins, s'il n'est pas établi, ou que, par son fait ou sa négligence, il a attiré ou retenu les lapins ou favorisé leur multiplication, ou encore, que, par son refus de les détruire ou d'en permettre la destruction par les voisins qui se plaignent, il les a laissés se multiplier au point de devenir nuisibles ; — Attendu que le jugement attaqué ne relève aucun fait impliquant la faute ou la négligence du demandeur ; — qu'au contraire, il énonce sans le contester, que l'enquête à laquelle il a été procédé devant le juge de paix établit que des battues et des chasses fréquentes ont eu lieu ; qu'elles se sont renouvelées deux fois par mois, excepté en décembre, depuis le commencement de novembre 1867 jusqu'au 15 Avril 1868 et qu'elles ont été aussi parfaitement organisées que sérieusement conduites ; — Qu'il résulte de ces énonciations de fait que d'Ambrugeac, loin de refuser de détruire les lapins et de négliger de le faire, a pris pour y parvenir des mesures sérieuses et géminées, — Attendu que le jugement attaqué a néanmoins déclaré le demandeur en cassation responsable du dommage dont se plaignaient les propriétaires riverains, par le motif que l'importance du préjudice démontrait l'insuffisance des chasses ; — Attendu qu'en faisant uniquement découler de l'importance du dommage la preuve de la faute et de la négligence du propriétaire du bois des Prés et la raison de sa responsabilité, le jugement attaqué a fait une fausse application des art. 1382 et 1383 code civ., et par suite violé les dits articles ; — Casse.

N° 3. *Cour de Cass. ch. req. Arrêt du* 6 *Janvier* 1874.

Attendu que le propriétaire d'un bois ne saurait être responsable, dans le sens de l'art. 1385 des dégâts occasionnés par les lapins qui se trouvent dans ce bois ; mais que la responsabilité doit être déclarée dans les termes des art. 1382 et 1383 C. civ. s'il y a une faute, une imprudence, une négligence imputable au propriétaire du bois ; — Attendu qu'il a été constaté par le jugement attaqué que, depuis plusieurs années les lapins s'étaient multipliés dans les bois du demandeur en cassation, et causaient de graves dégats aux cultures des propriétés voisines ; — qu'en 1868, le demandeur en cassation fit empoisonner dans tous ses bois les renards et les putois qui dévoraient les lapins ; — que la multiplication du gibier ainsi favorisée par le fait du demandeur s'accrut considérablement encore, sans que celui-ci s'occupât en aucune manière de la destruction des lapins, et que sa négligence à cet égard fut la cause des dommages occasionnés aux récoltes des défendeurs éventuels ; — que dans ces circonstances, le demandeur a pu être déclaré responsable envers ces derniers ; — attendu que les chasses et les battues auxquelles fit procéder le demandeur en cassation n'eurent lieu qu'après les plaintes des défendeurs éventuels, et qu'il en a été tenu compte dans la réduction des dommages-intérêts prononcés par le jugement attaqué ; — Attendu, dès lors, que les textes visés n'ont été ni violés ni faussement appliqués ;— Rejette

---

N° 4. *Cour de Cass. ch. civ. Arrêt du* 18 *Juin* 1878.

LA COUR. — Statuant sur le pourvoi formé contre un jugement du Tribunal civil de Vendôme du 5 Février 1876 ; — Vu les art. 7 de la loi du 20 Avril 1810, 1382 et 1383 cod. civ. ;

Attendu que le duc de Doudeauville a pris devant le Tribunal de Vendôme des conclusions tendant à l'infirmation du jugement de défaut du 28 Juin 1875 ; qu'il demandait au Juge d'appel de dire qu'il n'était pas responsable, en principe, des dégâts causés par le gibier de sa forêt, qu'aucune faute n'était relevée à sa charge, que la décision manquait de base légale, et que par l'adoption de l'avis des experts qui ne s'expliquaient pas sur les faits pouvant engendrer sa responsabilité, elle n'avait pas statué sur la question de responsabilité, qu'enfin le rapport d'experts était entaché de nullité par suite de l'inobservation des formes prescrites par les art. 42 et 317 c. proc. civ. ;

Attendu que le jugement du Tribunal de Vendôme *a rejeté implicitement, sans donner de motifs*, la demande en nullité de l'expertise et qu'il a admis la responsabilité du duc de Doudeauville *sans constater aucun fait constituant une faute qui lui fut imputable ;*

Attendu qu'en statuant ainsi, le jugement attaqué a violé les articles sus visés ; Casse etc.

N° 5. *Cour de Cass. ch. civ. Arrêt du* 5 *Août* 1879.

LA COUR. — Statuant sur le pourvoi en cassation du jugement du Tribunal de Vendôme du 20 Mai 1876, pour violation des art. 1382 et 1883 cod. civ. ; — Vu les deux articles ;

Attendu que la décision attaquée se borne à déclarer qu'il résulte du rapport de l'expert que le gibier habitant les bois du demandeur en cassation a occasionné par la faute de celui-ci un préjudice au défendeur, qu'il est justifié que la responsabilité du demandeur se trouve engagée, et qu'il est par suite inutile d'autoriser la preuve des faits articulés ;

Attendu que *ni le jugement, ni le rapport auquel il se réfère ne relève ni ne précise aucun fait à la charge du demandeur, constituant une faute, une imprudence ou une négligence de nature à engager sa responsabilité* — d'où il suit que le jugement, en condamnant le demandeur comme responsable, manque de base légale et a par là même violé les articles sus visés; — Casse etc.

N° 6. *Cour de cass. ch. civ. Arrêt du* 3 *Février* 1880.

Attendu que le propriétaire ou le locataire d'un bois autre qu'une garenne, n'est pas responsable de plein droit des dommages causés aux propriétés voisines par le gibier habitant le dit bois ; que la responsabilité n'existe que s'il est établi qu'il a par son fait ou par sa négligence favorisé la multiplication du gibier ; — Attendu qu'il résulte du jugement attaqué que, loin d'avoir commis une faute, le défendeur éventuel, locataire de la chasse de la forêt de Loigne, a pris les mesures nécessaires pour détruire les lapins de la forêt, et que, grâce à ces mesures, il les a réduits à un nombre relativement minime ; enfin que les dégâts constatés sur les terres des demandeurs en cassation sont insignifiants et ne dépassent pas les limites de ceux qu'entraîne nécessairement le voisinage de la forêt ; — Attendu que ces motifs justifient la décision par laquelle Leclerc a été déchargé de toute responsabilité; que, dès lors, il n'importe pas que le tribunal de Compiègne ait par un motif erroné et surabondant, déclaré que la réparation du dommage ne serait due que si le propriétaire ou le locataire du bois avait favorisé la multiplication des lapins dans un but voluptuaire et s'il avait été préalablement mis en demeure de les détruire ; — Rejette.

N° 7. *Cour de Cass. ch. civ. Arrêt du* 17 *Août* 1880. —

LA COUR ; Vu les art. 1382 et 1383 c. civ. ;

Attendu que si le locataire de la chasse dans un bois autre qu'une garenne et le propriétaire de ce bois ne sont pas responsables de plein droit du dommage causé aux tiers par les lapins qui y séjournent, ils sont tenus de le réparer lorsqu'il est prouvé qu'ils n'ont pas employé tous les moyens en leur pouvoir pour parvenir à la destruction de ces animaux et n'ont pas donné aux riverains, en temps opportun la permission de l'opérer eux-mêmes ;

Attendu, en fait, que tout en constatant que le s[r] de Rongé a fait de sérieux efforts pour arriver à réduire le nombre des lapins existant dans le bois de Thorigny, appartenant aux consorts de Lamotte et dont il a loué la chasse, le jugement attaqué reconnaît que ces animaux occupent toujours de nombreux et vastes terriers ; que le s[r] de Rongé ne s'est qu'en dernier lieu dessaisi, en quelque sorte de son droit de chasse en faveur des propriétaires riverains ; que les battues ordonnées et autorisées par lui n'ont commencé qu'en novembre, c'est-à-dire après la récolte ; qu'elles auraient pu être plus multipliées et qu'enfin les propriétés des demandeurs ont subi des dégâts considérables relevés par l'enquête et l'expertise ; —

Attendu qu'il résulte des constatations que les mesures de destruction auxquelles il a été procédé ont été tardives et insuffisantes ; — qu'une négligence qui a eu de tels résultats constitue une faute qui engage la responsabilité des consorts de Lamotte et du s[r] de Rongé — d'où il suit qu'en déclarant Bourcier et consorts mal fondés dans leur demande en dommages-intérêts contre les défendeurs, sous prétextes que le bois dont il s'agit au procès n'était pas une garenne, et que les demandeurs auraient pu suppléer à l'insuffisance des battues en s'adressant à l'autorité administrative pour en provoquer de plus efficaces, le jugement attaqué a formellement violé les articles de loi ci-dessus visés — Par ces motifs Casse.

N° 8. *Cour de Cass. ch. civ. Arrêt du* 16 *mai* 1881.

LA COUR ; — Sur le premier moyen du pourvoi, tiré de la violation des art 1382 et 1383. code civ. ;

Attendu d'une part qu'il résulte de l'arrêt attaqué qu'en devenant locataire du droit de chasse dans les Marches, Dehaynin s'est obligé à détruire les lapins de ce bois par tous les moyens que les lois et règlements pourraient autoriser, et à supporter toutes les indemnités provenant des dégâts commis par le gibier, sans recours ni répétition ;

Attendu, d'autre part qu'il est encore constaté par l'arrêt attaqué qu'il y a eu faute de la part de Dehaynin, en ce que, *s'il a fait les chasses aux lapins au moyen de fréquentes battues et de furets, le nombre de ces animaux n'en est pas moins considérable, soit que Dehaynin en ait introduit ou fait introduire à dessein dans les bois, soit qu'il ait négligé de les détruire en quantité suffisante* ; qu'à ces divers points de vue, c'est donc à bon droit que le demandeur en cassation a été déclaré responsable des dégâts causés aux clotures du défendeur actuel ;

Sur le deuxième moyen, tiré de la violation encore des art. 1382 et 1383 code civ. et de l'art. 130 code proc.;

Attendu quant au chiffre des dommages-intérêts, *que ce chiffre a été souverainement fixé par les Juges du fonds sur les différentes données de la cause* ;

Et quant aux dépens, que la répartition qui en a été faite par l'arrêt attaqué est une application de ce principe que le Juge est investi d'un pouvoir d'appréciation absolue en ce qui concerne les frais entre parties qui succombent respectivement sur une partie quelconque du litige ;

D'où il suit que les divers textes de loi ci-dessus rappelés n'ont aucunement été violés ; Rejette.

N° 9. *Cour de Cass. ch. req. Arrêt du* 7 *Novembre* 1881.

Attendu que le propriétaire d'un bois dans lequel se trouvent des animaux nuisibles, est responsable des dégâts causés par ces animaux aux propriétés voisines, si l'on établit à sa charge l'existence d'une faute, d'une imprudence ou d'une négligence ;

Attendu que les animaux qui ont endommagé les récoltes de Michelet sont venus de la forêt de la Chaize appartenant à Mme de Maynard ; que celle-ci a reconnu avoir usé avec la plus grande rigueur du droit de défendre la chasse dans ses bois ; que, si Mme de Maynard a fait pratiquer quatre battues dans le cours de l'année 1880, celle du 26 Juillet n'a eu lieu qu'après les dégâts, et les trois autres n'ont produit aucun résultat, n'ont pas été suffisamment répétées eu égard au grand nombre de sangliers existant dans la forêt, et enfin, que les battues ont été tardives et, par suite n'ont pu empêcher la reproduction de ces animaux ; que Mme de Maynard, sans articuler aucun fait tendant à établir qu'elle aurait levé en temps opportun l'interdiction absolue de le chasse dans la forêt de Chaize, s'est bornée à demander acte au tribunal de ce qu'elle déniait avoir défendu la chasse aux sangliers dans cette forêt ; qu'elle a en outre, offert de prouver qu'elle avait fait pratiquer les quatre battues ci-dessus mentionnées et que Michelet s'était abstenu d'y assister ; — Attendu qu'en présence de ces faits et conclusions, le jugement attaqué, en condamnant

Mme de Maynard à des dommages-intérêts en vertu des art. 1382, 1383 et 1385 c. civ. n'a fait qu'une juste application de ces articles ; qu'en refusant de donner acte à Mme de Maynard de ses dénégations et en rejetant ses conclusions subsidiaires, par ce que les faits par elle articulés n'étaient ni pertinents ni admissibles, le même jugement a suffisamment satisfait aux prescriptions légales ; — Rejette.

N° **10**. *Cour de Cass. ch. req. Arrêt du* 1er *Mars* 1882.

LA COUR — Sur le moyen unique du pourvoi, tiré de la violation de l'article 1385 cod. civ. et aussi violation des articles 1382 et 1383 cod. civ.

Attendu que le tribunal d'Issoudun (21 Décembre 1880) a constaté que le bois de Rebournum appartenant à la veuve d'Agar de Bus n'est point une garenne, puisqu'il n'est destiné dans aucune de ses parties à servir de réserve pour les lapins et que son accès n'est pas interdit au public :

Attendu dès lors, que c'est à bon droit que le tribunal a déclaré que l'art. 1385 cod. civ. n'était pas applicable à l'espèce ; que la veuve d'Agar de Bus n'était pas responsable *de plano* envers les propriétaires voisins qui auraient eu à souffrir des ravages exercés par les lapins sortis de ce bois et que *sa responsabilité ne pouvait résulter que d'une faute qui lui serait imputable, soit qu'elle eut favorisé la multiplication de ces animaux, soit qu'elle eut négligé de prendre des moyens efficaces de les détruire ;*

Attendu d'autre part qu'il est également établi par le jugement attaqué qu'aucune faute n'est imputable à la dite dame, et que, loin d'avoir cherché à accroître le nombre des lapins ou à les conserver, elle avait, pendant les trois années qui ont précédé la plainte du demandeur et les dégâts qui avaient pu y donner lieu, fait publier à son de trompe qu'il était loisible à tout le monde de chasser dans ses bois, sans mettre à cette permission de restriction aucune ; que c'est donc encore à bon droit que le jugement en a conclu qu'il n'y avait pas lieu à application des art. 1382 et 1383 cod civ. ;

Attendu que le tribunal d'Issoudun en constatant souverainement les faits qui ont servi de base à sa décision en a tiré des conséquences légales et conformes aux textes mêmes visés dans le pourvoi.

Par ces motifs, Rejette. . . . —

N° 11. *Justice de paix du canton de Nesle. Jugement du* 10 *août* 1883.

Nous, Juge de paix ; — Attendu que Cotté réclame au défendeur, la somme de 33 francs pour réparation du dommage à lui causé par les lapins du bois de Roye ;

Attendu que dans son exploit introductif d'instance Cotté donne la qualification de bois à la propriété du défendeur, dans lequel dit-il les lapins ont fait de nombreux terriers — que de l'aveu du défendeur lui-même la propriété boisée du défendeur ne saurait être assimilée à une garenne dans laquelle les lapins avaient été attirés et retenus par des travaux de main d'homme;

Attendu que le défendeur prétend avoir pris l'an dernier et sans avoir reçu aucune plainte ni réclamation de riverains de son bois, les mesures nécessaires à la destruction des lapins en y faisant chasser et fureter ; que Cotté ne le conteste pas, qu'il reconnaît même n'avoir adressé aucune plainte ni réclamation à De Lihu;

Attendu qu'il n'est pas établi qu'il y ait eu de la part de De Lihu faute, négligence, imprudence ni mauvais vouloir, qu'il parait au contraire avoir pris l'an dernier, les mesures nécessaires pour la destruction des lapins séjournant dans son bois et dont il ne saurait être considéré comme propriétaire, qu'il ne peut donc être rendu responsable du dommage causé par les animaux nuisibles ;

Par ces motifs, Déclarons Cotté mal fondé dans sa demande, l'en déboutons et le condamnons aux dépens etc.

N° 12. *Justice de paix de Dunkerque (canton-Est). Jugement du* 11 *Novembre* 1885.

Attendu que le demandeur fonde sa demande sur cette circonstance que le terrain occupé par le défendeur, constituant une garenne, le dit défendeur serait responsable ***de plano***, sans qu'il soit nécessaire de lui imputer une faute ou une négligence, des dommages causés aux récoltes croissant sur les terres contiguës, par les lapins qui peuplent le dit terrain ; qu'il rattache son action au principe énoncé en l'art. 1385 du c. civ. et non à celui qui dérive des art. 1382 et 1383 ; qu'il convient en conséquence d'examiner ce qui est une *garenne*, et si la définition qui sera déduite peut ou non s'appliquer au terrain dont il s'agit ;

Attendu que jadis une *garenne* était une localité consistant en prés, terres, vignes ou jardins, dans laquelle le seigneur s'arrogeait le droit de chasse, et qu'il remplissait de liévres, de renards, de lapins, de chevreuils même, faisant défense à tous, même aux propriétaires de détruire le gibier ; que, plus tard, dépouillé du droit de garenne ainsi défini, il établit des enclos qu'il peupla d'animaux de chasse, principalement de lapins ; qu'actuellement encore, on appelle garenne un endroit où l'on a fait à dessein des travaux pour y fixer les lapins qu'on se propose de multiplier ; que des diverses définitions ci-dessus, il résulte que la garenne consiste dans une disposition, dans un aménagement des lieux effectué par la main de l'homme dans le but de favoriser la multiplication des lapins ;

Attendu que le terrain dont s'agit, de 106 hectares environ, est en nature de landes et de dunes productives d'herbages en partie ; que ce terrain ressemble exactement quant à la configuration, au système de dunes qui, à peu de distance, longe le littoral, avec cette différence que les monticules présentent dans ce terrain moins d'étendue et de hauteur ; qu'autrefois, planté presqu'entièrement de sapins, il ne se trouve aujourd'hui boisé que sur un point très circonscrit ; que nulle part nous n'avons trouvé aucune trace de travaux exécutés dans le but de favoriser la reproduction du gibier.

Attendu donc que c'est à tort que le demandeur a soutenu que le terrain dit « Bois de Ghyvelde » constituait une garenne ; que les lapins qui n'y existent que par l'effet de la disposition naturelle des lieux et de l'instinct qui les a rassemblés, sans que le locataire ait rien fait pour les attirer, soit pour les multiplier, ne sont point des lapins de garenne; qu'ils n'appartiennent pas plus aux propriétaires du fonds que les autres animaux qui peuvent le peupler ;

Attendu qu'on ne peut sérieusement soutenir que la circonstance que le défendeur fait garder la chasse, soit de nature à faire considérer les terrains qu'il occupe comme une garenne ; qu'on ne saurait exiger du locataire d'un terrain qu'il se dessaisisse d'un droit à lui conféré à prix d'argent, surtout alors que ce terrain produit, comme en l'espèce, des herbages d'une certaine valeur, opérer la destruction du gibier de sa location ; qu'en l'état, cette circonstance ne constituerait une faute que si, faisant garder la chasse et refusant de laisser chasser, il ne chassait lui-même, et permettait ainsi aux lapins de se multiplier outre mesure.

Attendu qu'à ce dernier point de vue, il résulte des débats que l'association des chasseurs de Ghyvelde a pris, dans la mesure du possible, les moyens de nature à sauvegarder les intérêts des riverains, qu'elle a notamment sollicité et obtenu de l'administration supérieure, suivant arrêté en date du 1er août dernier, l'autorisation de chasser le lapin dans les bois de Ghyvelde, à l'aide de fusils, de chiens d'arrêt et de furêts, même en temps de neige, jusqu'au 1er avril prochain, qu'elle entretient douze furets dont l'emploi est à peu près journalier ; que de documents contradictoires et incontestés, il appert que du 17 août 1884 au 30 janvier 1885, il a été tiré 1983 lapins, 12 perdreaux, 2 lièvres, 1 bécasse ; que du 8 août de cette année au 4 de ce mois, jour de notre visite il a été tiré 1754 lapins, 8 corbeaux, 3 lièvres, 18 perdreaux, 11 ramiers.

En ce qui concerne la nature et l'importance des dégâts allégués :

Attendu que le sol de la lande produit des herbes sur une étendue de 91 hectares ; que les lapins trouvent dans cette végétation des moyens d'alimentation plus que suffisants ; qu'en effet, malgré la consommation faite par le gibier, il a été récolté sur ces terrains de 1881 à 1884 plus de 21.000 bottes de foin qui ont été vendues environ 2500 francs ; que d'un constat opéré le 25 avril dernier, il résulte que les dégâts étaient insignifiants ;

Attendu, au surplus, qu'il est dans la nature des landes et des dunes de renfermer des lapins ; que les riverains du sol de cette nature doivent en supporter les conséquences dans une certaine mesure, et qu'il y a là, pour ainsi dire, une servitude inhérente à la situation des lieux ;

Par ces motifs, déboute le demandeur etc.

N° 13. *Tribunal civ de St-Calais. Jugement du* 25 *mars* 1887.

Attendu qu'aux mois d'octobre et de novembre 1885, les intimés, se plaignant des dégâts causés à leurs récoltes par les lapins provenant de la propriété d'Akermann, ont appelé ce dernier en conciliation devant le juge de paix de Saint-Calais, afin de s'entendre sur le montant des dommages-intérêts qu'ils soutiennent être en droit de réclamer ;

Attendu qu'Akermann n'ayant pas contesté le principe de sa responsabilité, les parties convinrent de la nomination de trois experts chargés d'évaluer le préjudice causé aux réclamants, et de fixer les indemnités qui pourraient leur être dues ; que procès-verbal de cet accord fut dressé sur le régistre des avertissements aux termes en exécution de la loi de 1855 ; qu'à la suite de chaque affaire, on lit les mentions suivantes : « conciliés, experts choisis : Lecomte par Akermann, Gautier par les demandeurs, et D'Huiteau, tiers-expert. Pas de serment requis par les parties» ; que les experts ont procédé au travail qui leur était confié et ont consigné le résultat de leurs opérations dans trois rapports distincts en date des 14 août, 11 et 12 novembre 1886 ; que l'expert des intimés ayant adhéré aux chiffres indiqués par le tiers-expert, les intimés eux-mêmes ont accepté cette estimation, dont ils ont réclamé le montant à Akermann ; que ce dernier ayant refusé de payer les sommes mises ainsi à sa charge, les réclamants l'ont assigné devant le juge de paix de Saint-Calais, qui, aux termes de divers jugements en date des 25 novembre 1886 et 17 janvier 1887, rendus par défaut, l'a condamné au paiement des indemnités fixées par les experts ;

Attendu qu'Akermann a interjeté appel de ces jugements qu'il critique à un double point de vue ; 1° en ce qu'ils ont admis la responsabilité sans lui donner une base légale, et sans la faire découler des principes de droit ; 2° en ce qu'ils se sont appuyés sur des expertises nulles et sans valeur juridique pour déterminer le montant des dommages intérêts mis à sa charge : que cet appel est recevable en la forme et qu'il convient d'en examiner le bien fondé ;

En ce qui concerne la responsabilité :

Attendu que les dommages causés aux intimés, par les lapins provenant des propriétés d'Akermann, ne sauraient être contestés ; qu'il résulte, en effet, de documents officiels que le rendement des terres de la commune de Rahay, qui normalement devrait être de quinze hectolitres de blé à l'hectare, s'est trouvé diminué dans une proportien vraiment effrayante par suite des ravages causés par ces animaux, et ne dépasse pas aujourd'hui une moyenne de trois hectolitres ;

Attendu qu'il est certain que ces dommages, quelque

considérables qu'ils soient, ne sauraient, *ipso facto,* engager la responsabilité du propriétaire, au moins lorsqu'il s'agit de bois qui ne sont pas constitués à l'état de garennes, et qu'il est nécessaire d'établir à sa charge une faute, une négligence ou une imprudence dans les termes des art. 1382 et 1383 C. civ. ; que, d'une façon générale, sa responsabilité ne peut être engagée qu'autant qu'il a refusé aux riverains l'autorisation de détruire les lapins, et qu'il n'a pas pris lui-même les mesures nécessaires pour amener leur destruction ;

Attendu en fait qu'il n'est justifié ni même allégué qu'Akermann ait jamais autorisé les riverains à détruire eux-mêmes les lapins qni se trouvaient dans ses bois ; qu'il est certain, au contraire, qu'il a toujours fait garder sévèrement ses chasses, et qu'il a pris toutes les mesures possibles pour favoriser la multiplication du gibier soit au moyen de la surveillance incessante qu'il faisait exercer par ses gardes, soit même par ses obligations insolites qu'il imposait à ses fermiers, comme condition des baux qu'il leur consentait ; que, si l'on ne saurait lui faire grief d'avoir eu recours à ces moyens en eux-mêmes licites, pour assurer d'une façon plus efficace l'exercice d'un droit qu'on ne peut contester, la rigueur même, qu'il employait à la surveillance de ses chasses, lui imposait comme obligation corrélative le devoir de veiller scrupuleusement à ce que le gibier, dont il favorisait ainsi la multiplication ne devînt pas pour les propriétaires voisins une cause de préjudice ni même de ruine ;

Attendu, au contraire, qu'il résulte de tous les éléments de la cause et des documents mêmes produits par Akermann, qu'antérieurement à l'époque où les intimés se sont adressés à la justice, l'appelant n'a pris aucune mesure efficace pour détruire les lapins, qui se trouvaient dans ses bois, et pour arrêter leur multiplication, qui prenait chaque jour des proportions plus inquiétantes ; qu'il n'a employé aucun des procédés usités pour la destruction de ce gibier ; qu'il n'a notamment ni organisé de battues, ni défoncé les terriers ; que, si depuis l'année 1883, il justifie avoir tué, soit par lui même, soit par ses invités, soit même par ses gardes, une certaine quantité de lapins, ces chasses, en raison des résultats qu'elles ont donnés et des conditions où elles ont eu lieu, doivent plutôt être regardées comme une occasion de plaisir et de distraction que comme un moyen de destruction d'animaux nuisibles ;

Attendu que, si pendant l'hiver de 1886, postérieurement à l'introduction de la demande des intimés, Akermann a fait procéder à des battues qui ont amené la destruction d'une quantité considérable de lapins, (environ 9 à 10.000), il ne saurait, pour échapper à toute responsabilité, tirer argument de ces mesures tardives qui ne font que mieux ressortir l'insuffisance des moyens qu'il avait mis en œuvre jusqu'alors ; que, dès lors, c'est à bon droit que le premier juge a déclaré qu'Akermann avait commis une faute, en ne prenant pas les mesures nécessaires à la destruction des lapins, provenant de ses bois, et que cette faute l'obligeait, aux termes des art. 1382 et 1383 C. civ., à réparer le préjudice qu'il avait causé par son fait ;

Par ces motifs confirme etc.

Ce jugement a été en outre, confirmé par la Cour de cass. ch. req. arrêt du 15 novembre 1887 (voir n° 48 des décisions).

N° 14. — *Justice de paix du canton sud de Dourdan (S. et O.).* — *Jugement du* 28 *octobre* 1887.

Attendu en fait, que les demandeurs propriétaires ou locataires de plusieurs pièces de terre sises sur la commune de Saint M......., ensemencées en fourrage, blé, seigle, orge et avoine et prétendant que leurs récoltes ont été ravagées en partie par des lapins provenant de bois voisins appartenant à la veuve X...... défenderesse ont formé contre cette dernière, une demande en dommages-intérêts pour réparation du préjudice à eux causé. Attendu que par suite, plusieurs visites de lieux et expertises ont été faites dans le but d'examiner les prétendus dégâts, d'en évaluer le chiffre et de dire à qui devait incomber la responsabilité des pertes de récoltes occasionnées par les dégâts. Attendu qu'il est résulté de ces opérations faites sous la présidence de M^r le Juge de paix en présence des demandeurs, mais en l'absence de la dame X.... défenderesse qui n'a assisté à aucune des dites visites de lieux quoique y ayant été régulièrement appelée, que des dégâts plus ou moins sérieux commis par des lapins, ont été constatés sur toutes les pièces de terre des demandeurs ; — Attendu en droit, que le propriétaire de bois est responsable des dégâts commis par le gibier provenant de ses chasses aux récoltes des champs voisins, par application des dispositions des art. 1382 et 1383 du C. civ. quand il est relevé contre lui un fait ou une négligence constituant une faute ; Attendu dès lors qu'il s'agit d'examiner si, comme le prétendent les demandeurs, la dame X.... défenderesse doit être déclarée responsable des pertes de récoltes relevées par les expertises, parcequ'elle n'aurait pas pris toutes les précautions nécessaires pour détruire les lapins qui se trouvent dans ses bois, ni employé tous autres moyens en son pouvoir pour empêcher ces animaux de nuire aux dites récoltes. Attendu que les experts ont reconnu que les lapins auteurs des dégâts commis sur les récoltes des demandeurs venaient des bois de la dame X.... ainsi qu'il est attesté par les nombreuses coulées qui se dirigent de ces bois sur les champs des demandeurs ; que ces dégâts se sont produits surtout dans la partie des dites pièces la plus rapprochée des bois de la défenderesse que les mêmes experts ont constaté dans la majeure partie des pièces de terre, des repaires et des gratis de lapins en plus ou moins grande quantité ; Attendu qu'il est à remarquer que sur les pièces de terre de la saison des mars, les dégâts ont paru insignifiants à la première visite, mais qu'à la dernière visite, des dégàts assez sérieux ont été constatés sur les mêmes pièces de terre, d'où l'on doit conclure que la destruction des lapins n'avait pas été faite ou qu'elle avait été tout à fait insuffisante. Attendu que la défenderesse fait garder sa chasse et que son intention manifeste de la conserver pour elle même résulte de ce qu'elle a fait clore ses bois de treillages ; — que cette cloture donne aux lapins un refuge plus assuré et favorise ainsi leur accroissement ; — qu'elle pouvait aussi avoir pour objet d'empêcher le gibier de se répandre sur les champs voisins et d'y commettre des dégâts, mais que cette mesure ne serait efficace qu'autant que la cloture serait constamment maintenue en bon état ; mais qu'il a été constaté dans les diverses visites de lieux que le treillage était défectueux en maints endroits ; qu'il n'avait été réparé qu'à plusieurs reprises et pendant tout le temps qu'ont duré les opérations d'expertise ; — Attendu d'ailleurs que les causes de responsabilité invoquées par les demandeurs contre la dame X.... n'ont pas été contestés par cette dernière, qui ne leur a opposé aucun moyen de défense ne s'étant présentée à aucune des opérations d'expertise auxquelles elle avait été appelée.

Attendu que tous ces faits démontrent une faute et une négligence de la part de la dame X... qui n'a pas fait procéder suffisamment à la destruction des lapins qui se trouvent dans ses bois, ou qui pour se dispenser de faire cette destruction n'a pas fait entretenir la cloture de ses bois de manière à empêcher les lapins de se répandre sur les récoltes des demandeurs ; qu'il y a lieu de la déclarer responsable vis à vis des demandeurs ;

Attendu que les opérations d'expertise ont été régulièrement faites ; que dans les dernières expertises des 22 Juin et 25 Juillet 1887 qui contiennent l'évaluation des pertes de récoltes provenant des dégâts commis par les lapins, les experts ont déduit la part que doivent supporter les demandeurs, à titre de servitude de voisinage ; par ces motifs, condamne la dame X.... etc.

CHAPITRE III.

Conditions de la Responsabilité.

§ 1er DES FAITS DE NÉGLIGENCE OU D'IMPRUDENCE CONSTITUANT LA FAUTE.

A. *DES PROPRIÉTAIRES ET LOCATAIRES DE CHASSE.*

CIRCONSTANCES PRINCIPALES POUVANT ENTRAINER LA RESPONSABILITÉ :

1° Favoriser la multiplication des lapins directement ou indirectement.
2° Garder et entretenir des lapins pour le plaisir de la chasse ; et établir des terriers artificiels.
3° Laisser subsister des terriers.
4° Négliger d'employer tous les moyens dont on peut disposer pour la destruction des lapins — et refuser de laisser détruire.

B. *DES FERMIERS OU RIVERAINS.*

REPROCHES. — IMPRÉVOYANCE. — NÉGLIGENCE. SERVITUDE NATURELLE.

§ 2me EXISTENCE DU DOMMAGE — PREUVE.

CHAPITRE III.

Conditions de la Responsabilité.

§ 1er DES FAITS DE NÉGLIGENCE OU D'IMPRUDENCE CONSTITUANT LA FAUTE.

A. *DES PROPRIÉTAIRES ET LOCATAIRES DE CHASSE.*

Avant d'énumérer les diverses circonstances qui sont de nature à engager la responsabilité du propriétaire de bois ou locataire de chasse nous tenons à faire remarquer, — malgré les termes formels de certaines décisions, — que la plupart des faits *pris isolément*, comme celui de garder sa chasse, de refuser des battues et même de ne pas accorder l'autorisation de défoncer les terriers, ne sont pas souvent suffisants pour rendre le propriétaire responsable des dommages causés aux propriétés riveraines par les lapins de son bois ; — ce qu'il faut surtout pour constituer sa faute, sa négligence ou son imprudence, c'est un *ensemble de faits* démontrant clairement que des *efforts sérieux* n'ont pas été tentés pour la destruction de ce gibier. (1)

Voici quelles sont les circonstances principales pouvant entrainer la responsabilité du propriétaire :

1° Favoriser la multiplication des lapins directement ou indirectement.

Le principe de la responsabilité du propriétaire ou locataire d'un bois qui, par sa faute, laisse se multiplier les lapins au point de devenir nuisibles, est admis par une jurisprudence constante ; et des principaux arrêts cités ci-après, il résulte bien, soit implicitement soit explicitement, que le dit propriétaire ou locataire de chasse est responsable toutes les

---

(1) Voir L. Jullemier : Traité des locations de chasse, 3me édition, chap. III.

fois *qu'il a favorisé ou facilité la multiplication* de ces animaux directement ou indirectement.

Cour de cassation Ch. civ. 31 décembre 1844.
J. du p. 1845. 1.728 (V. décision n° 15)
id. Ch. civ. 29 novembre. 1846.
Dal. p. 1847. 1.29 (V. décision n° 16)
id. Ch. civ. 7 mars 1849.
J. du p. 1850. 1.203 (V. décision n° 17)
id. Ch. req. 10 Juin 1863.
Dal. p. 1863. 1.369. (V. décision n° 18)
id. Ch. civ. 22 Juin 1870.
J. du p. 1870. 1012 (V. décision n° 1)
id. Ch. civ. 29 Août 1870.
Dal. p. 1870. 1.408 (V. décision n° 24)
id. Ch. civ. 21 Août 1871.
J. du p. 1871. 2.41 (V. décision n° 2)
id. Ch. req. 6 Janvier 1874.
Dal. p. 1874. 1.437 (V. décision n° 3)
id. Ch. req. 19 Avril 1875.
Dal. p. 1878. 5.408 (V. décision n° 23 bis)
id. Ch. req. 10 Décembre 1877.
Dal. p. 1878. 1.319 (V. décision n° 24 bis)
id. Ch. req. 1er mars 1882.
Dal, p. 1883. 1.176 (V. décision n° 10)
id. Ch. civ. 7 Mai 1884.
Dal. p, 1885. 1.187 (V. décision n° 31)
Tribunal civil de St Calais 25 mars 1887.
Gaz. du p. 28 Avril 1887 (V. décision n° 13)

La responsabilité du propriétaire n'est donc pas contestable quand au lieu de détruire ou de faire détruire le lapin, il en a au contraire *facilité la reproduction* par l'établissement autour de son bois d'une palissade ou d'un grillage.

Cour de Cassation. Ch. civ. 18 février 1874.
Dal. p. 1875. 5.383

Justice de paix de Dourdan 28 Octobre 1887.
inédit (V. décision n° 14)

et *favorisé la multiplication* en l'attirant ou le conservant soit pour le plaisir ou l'intérêt de la chasse, soit par négligence,

Cour de cassation Ch. req. 7 Mars 1849.
J. du p. 1850 1.203 (V. décision n° 17)

id, Ch. req. 24 Juillet 1860.
Dal. p. 1860. 1.428 (V. décision n° 17 ter)

id. Ch. civ. 21 Août 1871
Dal. p. 1871. 1.12 (V. décision n° 2)

id. Ch. req. 10 Décembre 1877
Dal. p. 1878. 1.319 (V. décision n° 24 bis)

Justice de paix de Rozoy (S. et M.) 17 Décembre 1881
inédit (V. décision n° 27)

Cour de cassation Ch req. 18 Juillet 1887.
G. Pal. 4 Janvier 1888 (V. décision n° 40)

soit encore par les obligations insolites qu'il a imposé à ses fermiers, comme conditions des baux qu'il leur a consenti,

Tribunal civ. de St-Calais 25 Mars 1887.
G. Pal. 28 Avril 1887 (V. décision n° 13)

ou bien s'il a omis de prendre les mesures nécessaires pour empêcher la multiplication du gibier, notamment en empoisonnant les renards et putois qui le dévorait, ou en faisant détruire les bêtes fauves et les animaux de proie, sans s'être en aucune manière occupé de la diminution du nombre des lapins.

Cour de cassation Ch. req. 6 Janvier 1874.
Dal. p. 1874. 1.437 (V. décision n° 3)
Cour de cassation Ch. req. 22 Novembre 1875
Dal. p. 1876. 5.391

Le fait, en outre d'introduire ou de faire introduire *à dessein*, ou *de lâcher des lapins* dans un bois est évidemment une *faute* dont le propriétaire doit nécessairement supporter les conséquences.

Cour de cassation Ch. req. 24 Juillet 1860.
Dal. p. 1860. 1.426 (V. décision n° 17 ter)
id. Ch. civ. 16 mai 1881
Dal. p. 1882. 1.14 (V. décision n° 8)

Il a même été jugé que, malgré le défoncement des terriers et les battues annoncées invitant les voisins lésés à y prendre part, *celui qui a mis dans sa chasse des lapins pour la reproduction*, est responsable, si l'enquête a démontré que ces chasses n'avaient été ni générales, ni assez répétées.

Tribunal civ. de Coulommiers 17 Mars 1859.
J. le Droit 23 mars 1859 (V. décision n° 17 bis

*
* *

2° Garder et entretenir les lapins pour le plaisir de la chasse ; — et établir des terriers artificiels dans le but d'y retenir et y peupler les lapins.

Le fait de garder et d'entretenir les lapins étant un des meilleurs moyens d'en faciliter la multiplication, conséquemment le propriétaire peut être réputé en *faute* quand pour le plaisir de la chasse il entretient et fait garder le gibier de son bois. (1)

Cour de cassation Ch. civ. 31 Décembre 1844.
J. de p. 1845. 1.728 (V. décision n° 15)
Tribunal civ. de Coulommiers 17 Mars 1859.
J. le Droit 17 mars 1859. (V. décision n° 17 bis)
Justice de paix de Dourdan 28 Octobre 1887.
(V. décision n° 14)

C'est donc à bon droit qu'a été déclaré responsable (2) et condamné à la réparation du préjudice qui en a été la suite, celui qui, a fait *rigoureusement garder sa chasse,*

---

(1) Le droit de propriété, en effet, n'est pas tellement absolu qu'il soit permis d'entretenir dans son fonds une cause permanente de ruine et de dévastation pour les fonds riverains.

(2) Voir la réserve indiquée en tête de ce chapitre.

Cour de cassation Ch. req. 7 Novembre 1881
J. de p. 1883. 1.501 (V. décision n° 9)
id. Ch. civ. 7 Mai 1884.
Dal. p. 1885. 1.187 (V. décision n° 31)
Tribunal civ. de Bernay 8 Décembre 1886.
Dal. p. 1888. 1.348 (V. décision n° 38)
Tribunal civ. de St-Calais 25 Mars 1887.
Gaz. p. 28 avril 1887 (V. décision n° 13)

.... *qui s'est réservé exclusivement la chasse* dans sa forêt et qui, loin de s'occuper de la destruction du gibier, en a, au contraire favorisé la multiplication en le faisant *soigneusement* garder.

Tribunal civ. de Rouen 22 Décembre 1868.
Recueil d'arrêts de la Cour (V. décision n° 22)
Tribunal civ. de Rambouillet 26 février 1869.
Sorel p. 237 (V. décision n° 23)
Cour de cassation Ch. req. 22 Avril 1873.
Dal. p. 1873. 1.476
id. Ch. req. 19 Avril 1875.
Dal. p. 1878. 5.408 (V. décision n° 23 bis)
id. Ch. req. 21 Avril 1879.
Dal. p. 1880. 1.184 (V. décision n° 25)
Justice de paix de Criquetot 15 novembre 1886.
(V. décision n° 37)

La responsabilité du propriétaire ou locataire de chasse, peut donc être plus étendue lorsque le gibier et notamment les lapins se sont multipliés *sous la garde de nombreux agents,*

Cour de cassation Ch. req. 10 Juin 1863.
Dal. p. 1863. 1.369 (V. décision n° 18)
id. Ch. req. 16 Juillet 1876.
Dal. p. 1877. 1.24 (V. décision n° 25 bis)

ou lorsqu'il a fait garder sa chasse de façon à empêcher les voisins de se livrer efficacement à la destruction de ces animaux.

Tribunal civ. de Coulommiers 19 Juillet 1867.
Cour de cassation Ch. req. 5 Juillet 1876.
Dal. p. 1878. 5.409.

*
* *

D'un autre côté, il a été jugé que la *présence des terriers artificiels* emportait nécessairement la responsabilité

Rouen 29 *thermidor an XI.*

Il en est de même dans le cas où le propriétaire de la chasse laisse se multiplier les lapins en y ménageant des buissons, des broussailles et herbages touffus destinés à attirer ces animaux qui y trouvent des *abris permanents.*

Cour de cassation Ch. civ. 29 Novembre 1846.
Dal. p. 1847. 1.29 (V. décision n° 16)
id. Ch. civ. 7 Mars 1849.
J. du p. 1850. 1.203 (V. décision n° 17)

Cour de cassation Ch. civ. 10 Juin 1863.
Dal. p. 1863. 1.369 (V. décision n° 18)
id. Ch. req. 10 Décembre 1877.
Dal. p. 1878. 1.318 (V. décision n° 24 bis)
Justice de paix de Brionne 18 Août 1886
Dal. p. 1888. 1.348 (V. décision n° 39)

Il est du reste incontestable que l'existence de ces terriers, fourrés, bruyères, sont avec la réserve de la chasse des éléments d'aggravation de la responsabilité.

Cour de cassation Ch. req. 22 Avril 1873.
Dal. p. 1873. 1.476 (V. décision n° 43 bis)

*
* *

3° Laisser subsister des terriers.

Nous pensons que pour établir sur ce point la responsabilité du propriétaire, il faut distinguer les terriers dont il a été difficile d'empêcher la formation, avec ceux qui, par la nature même des bois (cavités rocheuses, couvertes de buissons ou broussailles) permettent aux lapins d'y trouver un refuge et un abri.

Dans ce deuxième cas, si l'existence de ces buissons n'est pas abusive, si cet état de choses naturel n'est nullement entretenu dans le but de conserver les lapins, il est évident qu'en laissant subsister ces terriers, la responsabilité du propriétaire ne peut être engagée.

Mais dans la première hypothèse — celle où les terriers se sont formés sans qu'il soit d'abord possible ou facile d'en éviter la formation, — le propriétaire, pour être exonéré de toute responsabilité, doit-il défoncer les terriers ?

Question que la jurisprudence, malgré des décisions diverses, semble avoir résolue dans le sens affirmatif.

Car si d'un côté, plusieurs jugements s'appuyant sur ce qu'aucune loi n'imposait l'obligation de faire détruire les terriers, ont déclaré que le défoncement des dits terriers n'était pas obligatoire, et que le refus du propriétaire n'entrainait pas sa responsabilité,

Tribunal civ. de Rambouillet 13 mars 1840.
Sorel p. 161 (V. décision nº 14 bis)
» 14 Janvier 1848.
» 31 Août 1855

et s'il a même été jugé que le fait seul de ne pas avoir défoncé les terriers ne constituait pas une faute, (1)

---

(1) Le seul fait de non destruction des terriers est insuffisant par lui même pour rendre le propriétaire responsable, alors surtout que le sol est sablonneux (V. la même décision nº 33).

Tribunal civ. de Mantes 6 Juin 1885.
(V. décision n° 33)

puisque la responsabilité du propriétaire à raison des dégâts commis par les lapins n'était encourue que *dans les limites du droit commun ;*

Tribunal civ. Beauvais 26 *Décembre* 1882.

Dans le sens contraire, le propriétaire a été reconnu responsable (1) lorsqu'il a *entretenu et laissé entretenir* une grande quantité de terriers

Cour de cassation Ch. req. 7 mars 1849.
J. du p. 1850 1.203 (V. décision n° 17)
id. Ch. civ. 17 Août 1880.
Dal. p. 1881. 1.176. (V. décision n° 7)
id. Ch. civ. 9 Avril 1884.
(V. décision n° 68)

ou des terriers très fréquentés dans les bois avoisinant des champs chargés de récoltes,

Justice de paix de Rozoy (S. et M.) 17 Décembre 1881
(V. décision n° 27)
Justice de paix de Brionne 18 Août 1886.
Dal. p. 1888. 1,348 (V. décision n° 39)

soit encore si l'on a constaté dans son bois l'existence de terriers et de fourrés qui servaient de refuge et facilitaient ainsi la multiplication des lapins, et s'il n'a bouché ces terriers et

---

(1) Voir la réserve indiquée en tête de ce chapitre.

coupé ces fourrés que postérieurement à la demande formée contre lui, et alors qu'il avait été informé depuis quelque temps des dégâts causés par ses lapins.

Cour de cassation Ch. civ. 29 Août 1870.
Dal, p. 1870. 1.408 (V. décision n° 24)
Justice de paix de Rozoy (S. et M.) 17 Décembre 1881
(V. décision n° 27)

Le propriétaire a encore été déclaré responsable, lorsque *avant tous dommages*, il a omis de boucher et de défoncer les terriers

Tribunal civ. de Beauvais 2 Avril 1867.
Justice de paix de Villeneuve 4 Juillet 1883.
(V. décision n° 29)
Cour de cassation Ch. req. 19 Janvier 1886.
Dal. p. 1875. 5.390. (V. décision n° 35)

. . . . lors même qu'il aurait détruit un grand nombre de terriers, s'il en avait maintenu d'autres,

Cour de cassation Ch. civ. 29 novembre 1846.
Dal. p. 1847 1.29 (V. décision n° 16)
Justice de paix de Melun 28 Août 1878.
(V. décision n° 24 ter)

s'il ne les a pas *fait soigneusement défoncer,*

Tribunal. civ. Rouen 28 *Décembre* 1868.

ou si l'autorisation de défoncer les terriers a été subordonnée à la condition d'indemniser le propriétaire du dommage causé à son bois par cette mesure,

Cour de cassation ch. req. 10 Décembre 1877.
Dal. p. 1878. 1.319 (V. décision n° 24 bis)

ou bien si cette mesure de destruction avait été prise *tardivement* (1) ou reconnue *insuffisante.*

Cour de cassation Ch. req. 10 Juin 1863.
Dal. p. 1863. 1.369 (V. décision n° 18)
id. Ch. req. 10 Décembre 1877.
Dal. p. 1878. 1.319 (V. décision n° 24 bis)
id. Ch. req. 7 Mai 1884.
Dal. p. 1885 1.187 (V. décision n° 31)
Tribunal civ. de Bernay 8 Décembre 1886.
Dal, p. 1888. 1.348. (V. décision n° 38)

Enfin, un jugement du Tribunal civil de Rouen en date du 22 Décembre 1868 (V. déc. n° 22) et deux récents arrêts de la Cour de cassation des 3 Juin 1885 (V. déc. n° 32) et 19 Janvier 1886 (moniteur Juges de paix 1886), ont condamné le propriétaire qui « loin « d'avoir fait tout son possible pour la destruc- « tion des lapins, *n'avait pas fait défoncer* « *les terriers.* »

---

(1) Soit que cette suppression des terriers n'ait eu lieu qu'après l'action en dommages-intérêts, soit peu de jours avant le transport de l'expert. (V. décision n° 18).

*
* *

4° Négliger d'employer tous les moyens dont on peut disposer pour la destruction des lapins et refuser de laisser détruire.

La jurisprudence est d'accord avec la doctrine pour reconnaître que la destruction des lapins est indispensable pour dégager la responsabilité du propriétaire à l'égard de son voisin dont les champs sont menacés par l'invasion de ces animaux sauvages.

Mais dans quelles limites, et par qui cette destruction doit être opérée ? Questions à la fois délicates et importantes dont les tribunaux ont été fréquemment saisis et auxquelles nous laissons à la jurisprudence le soin de répondre..

*
* *

D'abord il est évident que si, d'un côté les riverains ne peuvent *exiger une destruction complète* des lapins, ce qui est du reste matériellement impossible,

Corbeil jugement du 9 Décembre 1846.
J. du p. 1850. 1.202. (V. décision n° 41)

Justice de paix de Villeneuve, 4 Juillet 1883.
(V. décision n° 29).

Corbeil, jugement du 21 Mars 1883.

(Dal. p. 1884. 5.430)

d'un autre coté, le propriétaire pour ne pas être en faute, doit faire *tout ce qu'il peut* ou dépend de lui pour opérer la destruction des lapins de son bois

Cour de cassation Ch. civ. 31 Décembre 1844.

J. du p. 1845. 1.728. (V. décision n° 15)

Tribunal civ. de Rambouillet 21 Juin 1867.

Sorel p. 230 (V. décision n° 21)

Justice de paix de Nesle. 10 Août 1883.

(V. décision n° 11)

Cour de cassation Ch. req. 19 Mars 1883.

Dal. p. 1884. 1.56. (V. décision n° 28)

et employer *des moyens efficaces* pour arriver à cette destruction.

Cour de cassation Ch. civ. 17 Août 1880.

Dal. p. 1881. 1. 176. (V. décision n° 7)

id. ch. req. 1er Mars 1882.

Dal. p. 1883. 1.176 (V. décision n° 10)

Justice de paix de Dunkerque, 11 Novembre 1885.

(V. décision n° 12)

Il ne suffirait pas, par exemple, qu'il entourât —une partie seulement de bois—de grillages (1) que les lapins parviendraient à franchir pour

---

(1) L'établissement d'un grillage bien que tardif et insuffisant peut suivant les circonstances, diminuer la faute du propriétaire. (Jugement du 17 décembre 1881. V. décision n° 27)

se répandre la nuit dans les récoltes voisines,

Justice de paix de Rozoy (S. et M.) 17 Décembre 1881.
(V. décision n° 27)

Justice de paix de Dourdan, 28 Octobre 1887.
(V. décision n° 14)

ou qu'il demandât à l'administration préfectorale de chasser ou de faire chasser en tout temps les lapins de son bois, si cette autorisation ne lui avait été accordée que pour un temps limité, et s'il avait négligé de *recourir aux autres moyens de destruction* dont il pouvait disposer. (1).

Cour de cassation Ch. req. 10 Juin 1863.
Dal. p- 1863. 1.369. (V. décision n° 18)

Car, bien que le propriétaire n'ait rien fait pour attirer le gibier, il est à bon droit déclaré responsable, si l'on peut prouver que les moyens de destruction n'ont pas été *suffisants*, (2)

---

(1) Cette responsabilité n'a pas cessé d'exister par suite du décret du 13 Septembre 1870, qui défendait la chasse au fusil, mais qui n'interdisait pas les autres moyens de destruction des lapins ; — ni par suite de l'occupation allemande pendant quelques jours seulement. (Cour de cassation Ch. req. 22 Avril 1873. — V. décision n° 43 bis).

(2) Par moyens insuffisants, il faut entendre non pas des mesures inefficaces, mais bien des mesures qui ne sont en rapport ni avec l'étendue des bois, ni avec le nombre des lapins.

Cour de cassation Ch. req. 21 Avril 1879.
Dal. p. 1880. 1.184 (V. décision n° 25)
id. Ch. civ. 1er mars 1881.
Dal. p. 1881. 1.300 (V. décision n° 26)
id. Ch. req. 16 Mai 1881.
Dal. p. 1882. 1.14 (V. décision n° 8)
Justice de paix de Villeneuve 4 Juillet 1883.
(V. dècision n° 29)
Cour de cassation Ch. req. 24 Décembre 1883.
J. du p. 1884. 1.236 (V. décision n° 30)
Justice de paix de Criquetot 13 Novembre 1886.
(V. décision n° 37)
Tribunal civ. de Douai 25 Janvier 1888.
(V. décision n° 46)

ou si les chasses auxquelles il s'est livré en compagnie des riverains *n'ont pas eu le caractère de destruction,*

Tribunal civ. de Rouen 22 Décembre 1868.
(V. décision n° 22)

soit encore s'il n'a pas employé aucun des procédés usités pour la destruction des lapins : organisation de battues, défoncement des terriers etc.

Tribunal civ. de St Calais, 25 mars 1887.
Gaz. Pal. 28 août 1887 (V. décision n° 13)

ou si les mesures employées ont été tardives (1) ou *insuffisantes*.

(1) Le propriétaire encourt la responsabilité si les mesures de destruction ont été prises après la demande en dommages et alors qu'il avait déjà été informé des

Cour de cassation Ch. civ. 29 Août 1870.
Dal. p. 1870. 1.408 (V. décision n° 24)
id. Ch. req. 6 Janvier 1874.
Dal. p. 1874 1.437 (V. décision n° 3)
id. Ch. civ. 17 Août 1880.
Dal. p. 1881. 1,176 (V. décision n° 7)
id. Ch. req. 7 novembre 1881
J. du p. 1883. 1.501 (V. décision n° 9)

Donc, bien que le propriétaire se soit efforcé de parvenir à cette destruction, bien qu'il ait fait chasser et procéder à des battues, que même il ait établi un grillage destiné à empêcher les lapins de sortir de son bois, il a pu être déclaré responsable si toutes ces mesures ont été *tardives*.

Cour de cassation Ch. req. 31 Décembre 1888
Gaz. trib. 2 et 3 Janvier 1889.

C'est, en tous cas, au propriétaire du bois ou au locataire de chasse à justifier de diligences

---

dégâts commis par les lapins. (Cour de cassation arrêt du 29 Août 1870.) — ou si l'on avait accordé pour l'avenir seulement l'autorisation de les détruire. (Cour de cass. ch req. 10 décembre 1877 V. déc. n° 24 bis).

Le fait de n'avoir commencé les chasses et battues qu'au mois d'octobre ne constitue pas une faute, car ce n'est qu'à cette époque que la chute des feuilles permet la destruction des lapins. (Trib. civ. de Mantes, 6 Juin 1885 V. déc. n° 33).

personnelles pour parvenir à cette destruction des lapins.

Cour de cassation Ch. civ. 9 Avril 1884
(V. décision à la table)

Aussi, s'il prouve qu'il a procédé à des battues et des chasses fréquentes parfaitement organisées et sérieusement conduites ; en un mot, que les mesures de destruction ont été *sérieuses*, il n'encourt pas de responsabilité, bien que les dégâts commis par les lapins sortis de son bois aient été importants.

Cour de cassation Ch. civ. 21 Août 1871.
J. de p. 1871. 241 (V. décision nº 2)

Et à plus forte raison, ne peut être poursuivi celui qui, ayant pris les mesures nécessaires pour la destruction des lapins, les a réduits à un nombre relativement minime, de telle sorte que les dégâts constatés ont été insignifiants.

Cour de cassation Ch. req. 3 février 1880.
J. du p. 1880. 1.143 (V. décision nº 6)

*
* *

Ensuite, si le propriétaire se refuse à prendre *lui même*, les mesures nécessaires pour mettre les champs du riverain à l'abri des dévastations des lapins réunis dans son bois par leur instinct naturel, les voisins lésés peuvent en ce cas, être autorisés à détruire eux-mêmes ces animaux sur le terrain du dit propriétaire ; néanmoins ce dernier a la faculté de choisir entre ces deux moyens : *détruire ou laisser détruire*

Tribunal civ. de Corbeil 9 Décembre 1846.

J. de p. 1850 1.202 (V. décision nº 41

Cette alternative, suivant la doctrine et la jurisprudence étant laissée au propriétaire de la chasse, ce dernier peut donc procéder lui *seul* à cette destruction, puisqu'il a été jugé que le fait de n'avoir pas permis aux riverains de détruire eux-mêmes ne constituait pas une *faute*.

Beauvais, jugement du 26 Décembre 1882.

Mais il use également de son droit en accordant à ses voisins qui se plaignent, *l'autorisation de détruire* ; car bien qu'un jugement du tribunal civil de Rouen en date du 10 Mars 1858 ait déclaré que la charge de détruire incombait au propriétaire et non aux riverains, il est cependant généralement admis que si le propriétaire n'a pas attiré le lapin dans son bois, *la destruction n'est pas à sa charge mais à la charge de celui qui éprouve le dommage.*

Tribunal civ. de Rouen, 10 Mars 1858.
(Dal. p. 1858. 3.74)
id. Chateau-Thierry 14 février 1863
Sorel p. 216 (V. décision n° 19)

Dans le même sens, nous relevons un jugement du Juge de paix de Gisors portant la date du 7 novembre 1859 : « n'est pas tenu de con-
« courir à cette destruction, énonce-t-il en
« substance, celui qui n'a pas entretenu les
« lapins et qui a donné l'autorisation de
« détruire ».

Du reste de nombreux arrêts de la Cour de cassation dont voici les principaux :

Cour de cassation Ch. civ. 29 Août 1870.
Dal. p. 1870. 1.408 (V. décision n° 24)
id. Ch. civ. 21 Août 1871.
J. du p. 1871, 2.41 (V. décision n° 2)
id. Ch. req. 10 Décembre 1877.
Dal. p. 1878. 1.319 (V. décision n° 24 bis)
id. Ch. civ. 17 Août 1880
Dal. p, 1881. 1.176 (V. décision n° 7)
id. Ch. civ. 16 mai 1881
Dal. p. 1882. 1.259 (V. décision n° 8)
Justice de paix de Villeneuve 4 Juillet 1883.
(V. décision n° 29)
Tribunal civ. de St-Calais 25 Mars 1887.
G. Pal. 28 Avril 1887 (V. décision n° 13)

ont décidé que le propriétaire ou le locataire d'un bois dont les lapins se rassemblent par l'instinct, n'était responsable que *s'il ne détruisait pas ces animaux ou s'il avait refusé de les laisser detruire en temps opportun,* c'est-à-dire avant qu'ils fussent devenus nuisibles aux récoltes des héritages voisins.

*
* *

Le propriétaire n'est donc pas obligé de détruire lui-même les lapins de son bois qui causent des dégats aux propriétés limitrophes ; il est seulement obligé, s'il ne procède pas à cette destruction, d'accorder l'autorisation aux riverains de laisser détruire

Cour de cassation Ch. req. 19 Mars 1883.
Dal. p. 1883. 1.56 (V. décision n° 28)
id. Ch. req. 3 Juin 1885.
Dal. p. 1886. 1.376 (V. décision n° 32)

Et si *avant tous dommages,* le locataire, tenu seul, aux termes de son bail, des dommages commis, a manifestement autorisé les riverains (sans mettre à *cette autorisation aucune réserve)* de pénétrer dans les bois loués, pour y détruire le gibier par tous les moyens qu'ils jugeront convenables, il échappe en conséquence à toute action en responsabilité.

Cour de cassation Ch. req. 1er mars 1882.
Dal, p. 1883. 1.149 (V. décision n° 10)
id. Ch. req. 19 mars 1883.
Dal. p. 1884. 1.56 (V. décision n° 28)

Mais le propriétaire peut être reconnu responsable, si l'autorisation de laisser détruire est *restrictive* ou *insuffisante* ;

Cour de cassation Ch. req. 19 Avril 1875.
Dal. p. 1878. 5.408 (V. décision n° 23 bis)
id. Ch. req. 19 Janvier 1886.
Dal. p. 1887. 5.390 (V. décision n° 35)

Si, cette autorisation est subordonnée à certaines conditions, comme, par exemple celle de laisser sur place les lapins tués (1) et de réparer le dommage fait au bois par le défoncement des terriers ;

Cour de cassation Ch. req. 10 Décembre 1877
Dal. p. 1878. 1.319 (V. décision n° 24 bis)

ou s'il s'est opposé dans une certaine mesure à la destruction de ces animaux ; et s'il a apporté des *restrictions* à l'exercice de la chasse, notamment en renvoyant des chasseurs venus avec fusils et furets,

---

(1) Cependant certains auteurs (Leblond n° 395 ter et Sorel n° 23) soutiennent, non sans raison, que le propriétaire de la chasse, qui impose aux chasseurs l'obligation d'abandonner le gibier tué, use d'un droit incontestable, lesdits chasseurs ne devant pas, dans le cas actuel rechercher un plaisir, mais poursuivre uniquement et dans un but utile, la destruction des lapins.

Cour de Cassation. Ch. civ. 9 Avril 1884.
(V. décision n° 68)

soit en autorisant la chasse seulement à une certaine distance de ses terres,

Tribunal civ. de Rambouillet 21 Juin 1867.
Sorel p. 230 (V. décision n° 21)

ou en limitant le nombre des chasseurs et en ne leur permettant de détruire le gibier qu'à certains jours (1)

Justice de paix de Dourdan 27 Août 1886.
(V. décision n° 36)

ou encore en ne permettant pas de couper les ronces et broussailles servant de refuge aux lapins

Cour de cassation Ch. req. 19 Mars 1883.
Dal. p. 1884. 1.56 (V. décision n° 28)

*
* *

Mise en demeure. — La responsabilité n'est pas subordonnée à une *mise en demeure*

(1) Le propriétaire nous paraît néanmoins en droit d'indiquer les jours et heures de chasse comme aussi de dire que cette destruction n'aurait lieu qu'en présence des gardes afin de prévenir les abus et de limiter les faits à la destruction des animaux pouvant nuire aux récoltes. (En ce sens Beauvais, jugement du 2 Avril 1867. V. décision n° 20 ; — et Corbeil 21 Mars 1883 ; Dal. p. 1884. 5.430).

adressée au propriétaire du bois ou au locataire de la chasse d'avoir à détruire le gibier qui occasionne les dégâts ; il suffit qu'il ait été personnellement averti de ces dégâts

Cour de cassation Ch. req. 10 Juin 1863.
S. 1863. 1.462 (V. décision nº 18).
Tribunal civ. de Rouen 11 Juin 1883.
Dal. p. 1884. 5.431
id. Des Andelys 16 Juin 1885.
G, P. 13 mai 1887 (V. décision nº 34)

A fortiori, le propriétaire encourt une responsabilité plus grande lorsqu'il y a eu mise *en demeure* ; en tous cas, le droit par le fermier de réclamer des dommages intérêts subsiste toujours malgré l'absence d'une mise en demeure.

Cour de cassation, Arrêt du 10 Juin 1863 ;
(V. décision nº 18)

Mais, s'il n'y a pas *mise en demeure* régulièrement signifiée dès l'origine des dégats, le juge peut tenir compte de cette circonstance pour réduire le chiffre des dommages intérêts.

Justice de paix de Melun, 28 Août 1878.
(V. décision nº 24 ter).

*
* *

Pouvoir d'appréciation des tribunaux. — Nous venons d'énumérer les principales causes de responsabilité en ce qui concerne le propriétaire dont la chasse est réservée ; il en existe beaucoup d'autres qui peuvent toutes se résumer ainsi :

Le propriétaire ou locataire de la chasse a-t-il employé les moyens en son pouvoir pour opérer la destruction des lapins ; ses efforts pour parer au danger qui menace les riverains ont-ils été sérieux ?

C'est là une question de pur fait dont l'appréciation *appartient complètement* aux tribunaux.

Cour de cassation Ch. civ. 19 Avril 1875.
Dal. p. 1878. 5.408.

Le juge, en effet, apprécie *souverainement* l'importance, le caractère et le résultat des chasses faites par le propriétaire pour arriver à la destruction des lapins ; il peut décider qu'elles n'ont pas été suffisantes et conclure à sa responsabilité envers les voisins victimes des dégats commis par ces animaux.

Cour de cassation Ch. civ. 1er Mars 1881.
J. de p. 1881. 1.201 (V. décision n° 26)

Cour de cassation Ch. civ. 24 décembre 1883.
J. du p. 1884. 1.236 (V. décision n° 30)

Mais, si le juge est souverain pour examiner si les circonstances sont constitutives de la faute et pour se prononcer sur l'efficacité des mesures prises par le propriétaire pour se mettre à l'abri des réclamations du riverain, il doit nécessairement préciser les faits ou omissions qui constituent la faute, celle-ci pouvant être soumise à l'appréciation de la Cour de cassation.

Il ne suffit donc pas de déclarer que les lapins n'ont pas été détruits en quantité suffisante et que la faute en est au propriétaire du bois ; le jugement, nous le répétons, doit indiquer en quoi celui-ci n'a pas fait le nécessaire, quels moyens de destructions il a omis, afin que la Cour puisse vérifier si les faits constatés présentent les caractères juridiques de la faute prévus par les art. 1382 et 1383 du C. civ. *(Voir les arrêts de la Cour de cassation des 5 Août 1879 et 17 Août 1880 ; — Nos 5 et 7 des décisions).*

DÉCISIONS.

N° 14 bis. — *Tribunal civil de Rambouillet. Jugement du* 13 *Mars* 1840.

Attendu que le marquis de Bernis est opposant à un jugement par défaut du 7 Janvier 1840, qui l'a condamné, à payer à Denise une indemnité de dix mille francs pour dégâts faits à ses récoltes par des lapins provenant des bois du domaine de Rochefort ;

Que, sur l'opposition à ce jugement, le juge de paix du canton nord de Dourdan a ordonné une visite des biens ; que pour motiver cet interlocutoire il a établi, dans son jugement du 15 février dernier, *que par cela seul que le marquis de Bernis n'avait pas pris tous les moyens nécessaires pour que les lapins de ses bois ne nuisissent pas aux récoltes voisines, il était responsable des dégâts commis par ces animaux ;*

Attendu que, pour expliquer cette responsabilité, il s'est appuyé sur l'article 1383 du Code civil, mais que cet article n'est pas applicable dans l'espèce : qu'en effet, la responsabilité en matière de dommages commis par des animaux est réglée par l'article 1385 du Code civil, aux termes duquel il n'y a de responsable que le *propriétaire* de l'animal, ou *celui qui s'en sert* : qu'il faut donc examiner si le propriétaire d'un bois est toujours et nécessairement propriétaire des lapins qui s'y trouvent ;

Attendu que, sous ce rapport, les lapins sont considérés comme un gibier ordinaire, toutes les fois qu'il n'a pas été établi de garenne ouverte ou fermée par le propriétaire du terrain sur lequel ils se trouvent ;

Qu'ils n'appartiennent pas plus à un propriétaire que

les sangliers, les renards ou autres bêtes fauves qui pourraient exister sur le même terrain ;

Qu'en effet, il est constant, en droit, que l'individu, qui en chassant sur le terrain d'autrui prendrait et emporterait les lapins ne provenant pas d'une garenne établie, mais sortant d'un terrier creusé fortuitement par l'animal, se rendrait coupable du seul délit de chasse et ne pourrait être forcé de restituer le lapin en question ou d'en payer la valeur au propriétaire du terrain où a été creusé le terrier, le gibier étant *res nullius* et appartenant de droit *primo occupanti ;*

Qu'aussi, aux termes des articles 524 et 564 du Code civil, les lapins ne constituent une propriété que lorsqu'ils se trouvent dans une garenne, c'est-à-dire, dans un lieu disposé par un propriétaire pour recevoir et élever des lapins, destination qui doit être formelle et expresse pour que le principe résultant de l'article 524 puisse être appliqué ;

Attendu que si le marquis de Bernis avait établi une garenne dans ses bois, il serait responsable du dommage causé par les lapins sortis d'une garenne ; mais attendu, à cet égard, que Denise n'offre pas de prouver que les lapins qui auraient fait du dommage à ses récoltes provinssent d'une garenne établie par le marquis de Bernis ou ses auteurs ;

Attendu que la même règle devrait être appliquée si le marquis de Bernis ou ses auteurs avaient *introduit* et fait *multiplier* dans ses bois toute autre espèce de gibier qui aurait causé du dommage ; que, dans ce cas, il y aurait de leur part *un fait* qui, suivant les circonstances, pourrait donner lieu à une responsabilité ;

Attendu que le marquis de Bernis ne peut être déclaré

responsable du dégât de lapins dont il n'est pas le propriétaire, qui appartiennent au premier occupant, qui se sont réunis en plus ou moins grand nombre et ont établi leurs terriers dans ses bois, plutôt dans telle partie que dans telle autre ;

Attendu qu'aucune loi n'oblige le propriétaire d'un terrain dans lequel se trouve un terrier, à faire détruire ce terrier et les lapins qu'il contient ; que, loin de là, le propriétaire ne peut en tout temps chasser dans toutes ses propriétés ; qu'il est pour ses propriétés *non closes* dans l'obligation de se munir d'un permis de port d'armes de chasse que l'autorité peut lui refuser dans certains cas ;

Attendu que lorsque le législateur a voulu, dans un intérêt général, obliger les propriétaires à prendre certaines mesures contre les animaux nuisibles aux fruits de la terre, il s'en est formellement expliqué ; qu'ainsi pour les animaux qui peuvent constituer une propriété, il a ordonné que les pigeons de colombier seraient tenus renfermés à certaines époque de l'année, et à l'égard de certains insectes. il a prescrit l'échenillage en règlant le mois de l'époque de cette opération ;

Que si l'article 1383 peut être appliqué au propriétaire qui néglige d'écheniller, ce n'est pas parce qu'il est responsable du fait des insectes qu'il n'a pas cherché à détruire, mais seulement parce qu'il a négligé d'exécuter une opération qui lui était prescrite par la loi ;

Que par la même raison, l'article 1383 ne peut pas être appliqué au propriétaire qui ne fait pas détruire les terriers et les lapins qui existent sur ces domaines, aucune loi ne lui en imposant l'obligation ;

Attendu que si, dans l'ancienne jurisprudence, les seigneurs étaient responsables des dégâts faits par les lapins, cette responsabilité tenait à ce que, ayant seuls le droit de chasse dans l'étendue de leur seigneurie, les vassaux ne pouvaient se défendre contre les ravages du gibier ; que la jurisprudence restreignait cette responsabilité dans les limites de la seigneurie seulement ; que si ces lapins, sortis du fief où ils avaient leurs terriers ou leur garenne, causaient du dommage dans le fief voisin c'était le seigneur du fief où le dommage était commis qui était responsable, et non celui du lieu où se trouvaient le terrier ou la garenne ;

Attendu qu'en présence des principes qui viennent d'être posés, la preuve offerte par le marquis de Bernis serait surabondante, puisque, alors même qn'elle ne serait pas faite par lui, il n'y aurait pas lieu de prononcer une condamnation ;

Vu les conditions principales prises dans l'exploit signifié le 11 Janvier 1840 par Guérard, huissier à Dourdan ;

Dit qu'il a été mal jugé, bien appelé ;

Émendant, reçoit le marquis de Bernis appelant du jugement du 7 janvier 1840, le décharge des condamnations prononcées contre lui ;

Ordonne la restitution de l'amende, et condamne Denise aux dépens de première instance et d'appel.

N° 15. — *Cour de cassation Ch. civ. arrêt du* 31 *Décembre* 1844.

Attendu que le jugement attaqué adopte la constatation des faits renfermés dans la sentence du 11 Octobre 1843 qui lui était déférée par appel, laquelle sentence déclare que le demandeur en cassation *entretient et fait soigneu-*

sement garder dans ses bois et sur le territoire de Boran, contigüs aux terres dévastées, un grand nombre de lapins et gibier pour le plaisir de la chasse, gibier qu'il parait vouloir détruire dans certains cantons, pour s'affranchir du paiement des dégats et qu'il laisse croître et multiplier dans d'autre cantons : — qu'ainsi on doit lui imputer la négligence de n'avoir pas fait tout ce qu'il aurait pu et dû faire pour arriver à la destruction des lapins. — Par ces motifs rejette. . . . .

N° 16. — *Cour de cassation Ch. civ. arrêt du* 29 *Novembre* 1846.

LA COUR : — Considérant qu'il ressort en fait tant des qualités et motifs du jugement que du rapport d'experts dùment entériné, qu'il y avait beaucoup de lapins dans le bois appartenant au baron Lepelletier et que ce dernier a fait détruire beaucoup de terriers et en a conservé d'autres ; — qu'il résulte de cet état de choses que l'intention du propriétaire a été d'habituer dans les terriers maintenus les lapins qui le peuplent actuellement ; — qu'il leur a ménagé des demeures permanentes et ne les a pas laissés à l'état de gibier proprement dit errant et vaguant sans se fixer nulle part et se posant à la surface du sol ; qu'il a par conséquent fait de ses bois une garenne ouverte et qu'il est responsable des dégats causés par les animaux dont il est propriétaire ; — qu'en le jugeant ainsi, le tribunal de Senlis, loin de violer la loi en a, au contraire, fait une juste application — Par ces motifs rejette . . . .

N° 17. — *Cour de cassation Ch. civ. arrêt du 7 Mars* 1849 ;

LA COUR ; — Attendu que le jugement attaqué constate : 1° que les bois, du s^r^ Clary situés dans la commune de Saint Pierre de Peray, contiennent de nombreux lapins dits buissonniers, qui y ont des abris permanents dans des buissons, des broussailles des herbages longs et touffus ménagés par le propriétaire pour les y attirer ; 2° que ces lapins ont dévasté les récoltes du s^r^ Poillier ; 3° que le s^r^ Clary au lieu de détruire ces lapins, ou de donner la permission de les détruire, en favorise la multiplication pour le plaisir de la chasse ; que dans ces circonstances, le tribunal de Corbeil en condamnant le s^r^ Clary à réparer le dommage occasionné par les lapins attirés et retenus dans ses bois, loin de de violer l'art. 1385 du code civil, en a fait une juste application. — Rejette. . . . .

N° 17 bis. — *Tribunal civil de Coulommiers. Jugement du* 17 *mars* 1859.

Attendu que, du rapport des experts en date du 16 juillet 1858, enregistré, il résulte : 1° que les terres d'Émery ont été bien cultivées et bien ensemencées, 2° et que le dommage causé aux récoltes qui se trouvaient sur ces terres a été fait, pour les trois cinquièmes, par les lapins sortis de la forêt de Crécy, dont Pereire est propriétaire ; que cette expertise a eu lieu en présence des parties sous la surveillance du juge de paix ; qu'elle a été confirmée par une deuxième expertise, faite par les mêmes experts le 30 juillet 1858, enregistrée ; qu'elle est régulière en la forme, juste au fond ;

Attendu que s'il est résulté de l'enquête que des terriers ont été défoncés et des chasses faites après affiches et autres moyens de publication, invitant les chasseurs et propriétaires à y prendre part, il faut reconnaître que ces chasses n'ont été ni assez générales ni assez répétées, et qu'elles ont été faites d'ailleurs à une époque déjà trop reculée ; que, d'un autre côté, il est résulté de la contre-enquête et de documents émanant de la partie adverse d'Émery, et notamment d'ordres du jour donnés aux gardes et aussi de différents registres, que de 1852 à 1856 aucuns moyens de destruction n'ont été employés ; qu'au contraire *les lapins ont été mis dans la forêt pour leur reproduction par les agents de Pereire ;* que défense était faite aux gardes de tirer sur quelque espèce de gibier que ce soit, et qu'ils avaient l'ordre d'écarter tous les chasseurs de la forêt ;

Par ces motifs, infirme etc.

N° 17 ter. — *Cour de cassation Ch. req. arrêt du 24 Juillet* 1860.

Attendu qu'il ressort des termes de la décision attaquée que c'est dans l'intérêt de la chasse louée, et pour en augmenter les avantages, que l'on a laissé s'accroître ce genre de gibier (lapins) dans les bois dont il s'agit, et que par une juste présomption, c'est à cette cause que se rattache le dommage produit par ces animaux : qu'ainsi la décision fondée sur les art. 1882 et 1383 C. civ. est suffisamment justifiée ; — rejette

---

N° 18. — *Cour de cassation Ch. req. Arrêt du* 10 *Juin* 1863.

1° Attendu que si le propriétaire d'un bois où se trouvent

des lapins réunis par leur instinct naturel n'est pas responsable des dégats qu'ils peuvent causer aux propriétés voisines, lorsqu'il n'a rien fait pour leur conservation ou leur multiplication, il n'en est pas de même si la forêt et le gibier qu'elle renferme ont été placés sous la garde de nombreux agents et que les lapins s'y soient multipliés sans qu'il ait été rien tenté pour les détruire ; que, dans cette dernière hypothèse, le propriétaire est responsable d'un dommage qui ne peut être attribué qu'à sa négligence ou à son imprudence ; que vainement on prétendrait que la responsabilité du propriétaire n'est engagée qu'après la mise en demeure par les riverains de la forêt ; — Attendu que les art. 1382 et 1383 C. civ. n'imposent nullement cette condition à la responsabilité de l'auteur de la faute ou du fait dommageable ; que souvent même le préjudice résultant d'une faute ne peut être prévu, ce qui rend la mise en demeure impossible ;

Attendu, au surplus, que dans l'espèce, l'arrêt attaqué constate qu'antérieurement à l'action du sieur Masson, défendeur éventuel, la dame Nau avait été personnellement informée des dégâts que les lapins de sa forêt causaient aux propriétés voisines ; qu'ainsi avertie, elle ne prit aucune mesure pour empêcher les dommages de se renouveler ; qu'il est également constant que la forêt dont il s'agit et le gibier qui la peuple ont été de tous temps placés sous la garde d'un nombreux personnel d'agents ; que la sécurité qui en résultait pour les lapins a contribué à leur multiplication qui est dès lors imputable en partie à la demanderesse ;

Attendu que si la dame Nau a sollicité de l'administration l'autorisation de faire chasser les lapins qui sont dans sa forêt, et si cette autorisation ne lui a été accordée que le

23 Mars 1861 pour un temps limité, ces faits ne sauraient l'affranchir de la responsabilité qu'elle a encourue : — qu'aux termes de l'arrêt il existe de nombreux moyens de détruire les lapins, et que la dame Nau, qui était libre de les employer n'y a point eu recours ; que cette inaction en présence des plaintes des riverains de la forêt, justifie pleinement la demande en dommages intérêts du sieur Masson ; que l'autorisation tardive et limitée que la dame Nau a donnée aux propriétaires voisins postérieurement à la dévastation des pépinières du sieur Masson, de chasser les lapins en compagnie de ses gardes, ne saurait réagir sur les faits antérieurs ; — Rejette

2° Attendu que le jugement attaqué constate que lors de la visite de l'expert, de nombreux terriers de lapins existaient dans le bois du comte de la Tour du Pin ; que les grandes herbes et broussailles leur servant de refuge n'étaient point détruites ; que si, dans certaines parties de ce bois, les terriers avaient été bouchés, leur suppression n'avait eu lieu que quelques jours avant le transport de l'expert et par conséquent postérieurement à la citation donnée à la requête de Guillot ; — Attendu, en outre, que le jugement attaqué a adopté les motifs de la sentence du juge de paix, dont était appel, en constatant également d'autres faits de négligence qui en favorisant la conservation de la multiplication des lapins, ont contribué à occasionner les dégâts dont se plaignait le sieur Guillot ; — Attendu qu'en cet état des faits qui échappent au contrôle de la Cour de cassation, le comte de la Tour du Pin a du être déclaré responsable du dommage causé par les lapins de ses bois aux champs de Guillot ; — rejette

N° 19. — *Tribunal civil de Chateau-Thierry.* — *Jugement du* 14 *Février* 1863.

Attendu que les bois du comte d'Escart, à Aozet-St-Albin, ne constituent pas des garennes ; que les lapins qui s'y trouvent y sont venus naturellement, sans que le propriétaire ait rien fait pour les y attirer, conserver ou multiplier.

Attendu que si ces lapins faisaient néanmoins du tort aux riverains, le propriétaire averti devait, pour éviter toute responsabilité, travailler, par tous les moyens possibles, à la destruction des dits lapins, ou tout au moins permettre aux riverains l'emploi de ces moyens de destruction.

Attendu que le comte d'Escart, n'ayant pas accordé à Vallerand l'autorisation d'entreprendre par lui-même la destruction des lapins existant dans les bois du dudit d'Escart, celui-ci par là même a assumé l'obligation ou de réparer tous les dégâts qu'ils occasionneraient, ou de prouver qu'il avait employé contre les lapins tous les moyens possibles de destruction.

Attendu que c'est dans cette position que le tribunal, par son jugement du 20 février dernier, a ordonné que les bois du comte d'Escart seraient visités par des experts, à l'effet d'apprécier, soit à l'aide de l'inspection du lieu, soit à l'aide de tous les renseignements dont ils étaient autorisés à s'entourer, si ledit sieur d'Escars avait employé tous les moyens nécessaires à sa disposition pour parvenir à la destruction des lapins et pour le cas où les experts reconnaitraient qu'il ne l'a pas fait, constater les dommages et en fixer l'importance ;

Attendu que les experts nommés, après avoir constaté des dégâts qu'ils évaluent à la somme de 273 fr. au préjudice de Vallerand, déclarent néanmoins positivement que d'Escars a fait tout ce qu'il était possible de faire pour arriver à la destruction des lapins ;

Attendu, dès lors, que le comte d'Escars ne peut être avec justice soumis à la responsabilité réclamée par Vallerand ;

Attendu encore qu'il résulte, des discussions et des documents fournis, que le comte d'Escars a commencé la destruction dès les premiers jours d'octobre, c'est-à-dire avant les semailles, et qu'il l'a continuée régulièrement et presque sans interruption jusqu'à ce jour ; que cela répond suffisamment aux moyens invoqués dans les conclusions subsidiaires de Vallerand et autorise à les écarter, aussi bien que les conclusions principales.

Par ces motifs :

Déclare Vallerand mal fondé dans les conclusions principales et subsidiaires contre le comte d'Escars et l'én déboute ; et prenant en considération ce fait résultant de la fin du rapport des experts, que Vallerand avait éprouvé un certain préjudice à l'époque où les lapins n'avaient pu être détruits, dit qu'il sera fait masse de tous les frais qui seront supportés par moitié entre les parties.

N° 20. — *Tribunal civ. de Beauvais.* — *Jugement du* 2 *Avril* 1867.

Attendu qu'il est établi par les faits de la cause et les documents produits que, loin de vouloir conserver les lapins qui existent dans ses bois, De Glos a au contraire cherché à les détruire en faisant faire de nombreuses chasses et en coupant des herbes où les lapins se réfugiaient ; qu'il a même, dès le mois de décembre 1863, écrit aux maires de Velennes, Laversines et Fouquerolles, pour les prier de donner avis aux habitants de ces communes de l'autorisation qu'il leur donnait de prendre part à la destruction des lapins qui existaient dans ses bois ; que cette autorisation a été renouvelée le 14 novembre 1865 par une nouvelle lettre aux maires des dites communes, lettres qui ont été publiées ;

Attendu qu'il est établi que des propriétaires riverains ont donné, avec le consentement de De Glos, l'autorisation à des amis de chasser en leur lieu et place ;

Attendu qu'en autorisant ainsi tous les propriétaires et fermiers à détruire les lapins qui pouvaient nuire à leurs récoltes, De Glos s'est mis à l'abri de toute responsabilité, et qu'on ne peut invoquer contre lui les principes de responsabilité posés, dans l'article 1383 ;

Attendu que si De Glos a subordonné l'autorisation qu'il donnait à la condition que son garde serait prévenu du jour et de l'heure de la chasse qui serait faite dans ses bois, cette condition n'était pas de nature à empêcher la chasse qu'elle autorisait, et que d'ailleurs il avait bien le droit de la faire surveiller pour qu'on ne détruise pas d'autre gibier que le lapin ; que des faits articulés, les uns ne sont pas concluants, et les autres sont dès maintenant démentis, puisque les intimés n'allèguent pas que, voulant user de la permission, ils auraient été l'objet de procès-verbaux et de poursuites judiciaires ;

Par ces motif :

Le tribunal réformant le jugement dont est appel, déclare les intimés non recevables et mal fondés dans leur demande, les en déboute et les condamne aux dépens, tant de première instance que d'appel, pour tous dommages-intérêts ;

Ordonne la restitution de l'amende.

N° 21. — *Tribunal civil de Rambouillet. — Jugement du* 21 *Juin* 1867.

Attendu que le propriétaire du bois dans lequel existent des lapins doit, pour s'affranchir de la responsabilité des dégâts causés par ces animaux, laisser la chasse libre ou faire tout ce qui dépend de lui pour opérer leur destruction ;

Et attendu que si le sieur Charlot a autorisé les chasseurs de Clairefontaine et Saint-Arnoult, par des affiches, des publications faites à son de caisse, même par des actes d'huissiers, à venir faire dans ses bois des battues, à détruire les lapins qui s'y trouvent et à défoncer les terriers, il résulte des documents de la cause qu'il a entravé la permission de chasser qu'il semblait accorder, et n'a pas eu la volonté d'opérer une destruction sérieuse et complète ;

Attendu en effet que, par exploit de Thuret, huissier, en date du 28 novembre 1866, il interdisait à Cousin, qui avait pris une certaine quantité de lapins, de chasser à plus de 600 mètres de ses terres, et de garder le produit de ses chasses, qui devait être remis à lui-même, pour être vendu au profit des pauvres ;

Attendu que de pareilles restrictions apportées par Charlot au droit de chasse établissent qu'il gardait sa chasse, ne voulait pas détruire complétement les lapins, et qu'il doit en conséquence être déclaré responsable des dégâts qu'ils ont pu causer aux récoltes :

Condamne, etc., etc.

N° 22. — *Tribunal civ. de Rouen. Jugement du* 22 *Décembre* 1868.

Le Tribunal,

Attendu que les dégâts ont été occasionnés par des lapins venant des bois de Daliphard, où se trouvent des terriers paraissant fréquentés par un assez grand nombre de lapins et auquel aboutissent de nombreux sentiers faits par ces animaux et allant dans la pièce de terre dont s'agit ;

« Attendu que, cependant, un jugement du tribunal de paix du canton de Clerès, en date du 21 juillet dernier, a renvoyé Daliphard des fins de l'action en responsabilité intentée contre lui par Bourdin, par le motif qu'il résultait de l'enquête à laquelle il avait été procédé, que Daliphard avait fait tout ce qui était en son pouvoir pour détruire dans ses bois les lapins, que d'ailleurs il n'y avait pas attirés ;

« Qu'il a été interjeté appel de ce jugement ;

« Attendu que, s'il résulte de l'enquête que, depuis le mois de Novembre 1867 jusqu'à la fin de Mars 1868, on a, sur l'invitation de Daliphard, chassé le lapin dans ses bois, ces chasses, qui n'avaient lieu qu'une ou deux fois par semaine, avec un nombre limité de chasseurs, n'ont pas eu le caractère de destruction nécessaire pour l'exonérer de la responsabilité des dégâts ;

« Qu'il est allégué, et non méconnu, que Daliphard fait conserver sa chasse avec soin ; qu'il n'a pas mis Bourdin à même de détruire les lapins qui ravagaient ses récoltes ; *qu'il n'a pas fait défoncer les terriers où ils se réfugiaient ;*

« Qu'il y a donc eu de sa part une négligence dont il est responsable :

« Infirme, etc., etc. »

N° 23. — *Tribunal civ. de Rambouillet. Jugement du* 26 *Février* 1869.

Le Tribunal :

Attendu que l'appelant conteste les évaluations faites par les experts ; qu'il les accuse d'être empreintes d'une exagération déraisonnable et d'une partialité révoltante ; que notamment il prétend que les experts n'ont pas tenu compte des frais ordinaires de culture, et que les chiffres par eux donnés devraient être considèrablement modifiés à ce point de vue ;

Mais attendu qu'il résulte des termes précis dudit rapport que les experts, dans les évaluations qu'ils ont faites, déclarent avoir tenu compte des frais de moisson, battage, bottelage et autres, et aussi de la part afférente au gibier naturel ; que l'honorabilité bien connue des experts les met à l'abri de tout reproche sérieux d'exagération déraisonnable et de partialité, et que le tribunal ne peut qu'accepter leurs déclarations et doit tenir pour vraies les évaluations qu'ils ont faites :

Que M. le Juge de paix a donc fait une juste appréciation en entérinant les dits rapports, et qu'il y a lieu de confirmer sur ce point la sentence dont est appel...;

Attendu, d'autre part, que Béhic a fait des actes nombreux de conservation et de reproduction de gibier sur les terres qui lui appartiennent : qu'il a soigneusement gardé sa chasse ; que vainement prétendrait-il que les frères Jumentier, en s'interdisant le droit de chasse sur les terres qui leur étaient louées et en stipulant que le droit appartiendrait au propriétaire seul, ont, par cela même, accepté les conséquences de cette stipulation et ne peuvent aujourd'hui réclamer des dommages qu'ils devaient prévoir ;

Attendu que le fait de s'interdire le droit de chasse

n'exclut pas le droit de réclamer des indemnités dans le cas où le propriétaire qui s'est réservé ce privilége n'en use pas de façon à détruire suffisamment le gibier, et que ce dernier est en conséquence responsable des dommages causés par le gibier, qui s'est reproduit et conservé par sa faute ;

Attendu que la majorité des experts, en fixant, ainsi qu'ils l'ont fait, la répartition entre Béhic et la Liste civile de l'indemnité due aux frères Jumentier, ont tenu compte tout à la fois de la situation des récoltes dévastées par rapport au bois de la Liste civile et de ceux de l'appelant et de la nature du gibier qui avait causé ces dommages ; que leur appréciation est équitable ; qu'en entérinant le dit rapport, M. le Juge de paix a fait une juste appréciation des droits des parties ;

Sur la solidarité demandée.

Adoptant les motifs du premier juge :

Dit qu'il a été bien jugé, mal appelé, et met les appels à néant.

N° 23 bis. — *Cour de cassation Ch. req. Arrêt du* 19 *Avril* 1875.

Attendu qu'un propriétaire peut être déclaré responsable des dégâts occasionnés par les lapins qui se trouvent dans un bois lui appartenant, si par sa faute, son imprudence ou sa négligence, il a favorisé la multiplication de ces animaux ; — Attendu qu'il est déclaré, en fait, par le jugement attaqué, que la chasse des bois et des vignots de Baugy, possédés par Menssing et Saunier, est soigneusement gardé par deux gardes qui interdisent rigoureusement non seulement la chasse, mais la destruction des lapins par quelque moyen que ce soit, a toutes personnes autres que celles qui sont invitées par Menssing ou autorisées par lui ; que, par suite, les opérations de furetage et les chasses pratiquées dans les portions de bois mises en coupe chaque année, ne produisaient que des résultats inefficaces à cause de l'impossibilité pour les chiens, les chasseurs et les gardes, de pénétrer dans les vignots ; — que de plus le sieur Saulnier a laissé atteindre à 6 hectares environ de ses vignots l'âge de 4 à 5 ans, sans être coupés, contrairement à l'usage d'après lequel les vignots se coupent à 3 ans, et qu'il a ainsi favorisé la multiplication des lapins ; — Attendu que, dans cet état des faits, en déclarant Menssing et Saulnier responsables des dommages causés par les lapins sortant de leurs bois dans les propriétés contigües des défendeurs éventuels, le jugement attaqué n'a ni violé, ni faussement appliqué aucun des textes visés à l'appui du pourvoi ; — Rejette...

N° 24. — *Cour de cassation. Ch. civ.* 29 *Août* 1870.

La Cour :

Attendu que le propriétaire d'un bois peut, en vertu des art. 1382 et 1383 du Code Civ., être déclaré responsable des dégâts occasionnés par des lapins sauvages habitant le bois, lorsque, par son fait et sa négligence, il a attiré ou retenu ces animaux ou favorisé leur multiplication, ou encore lorsque, par son refus de les détruire lui même ou d'en permettre la destruction par le voisin qui se plaint, il les a laissés se multiplier au point de devenir nuisible ;

Attendu que si le jugement attaqué, en adoptant les motifs du premier juge, a admis implicitement ce principe erroné en droit, il a néanmoins constaté, en fait, qu'il existait dans les bois de Daudin des terriers et des fourrés qui offraient aux lapins des lieux de refuge, et facilitaient ainsi leur multiplication ; qu'il n'a bouché ces terriers et coupé ces fourrés que postérieurement à la demande formée contre lui et alors qu'il avait été informé, depuis quelque temps déjà, des dégâts occasionnés par ses lapins ; que ce n'est aussi que tardivement qu'il a organisé des chasses et des battues ayant réellement pour objet la destruction de ces animaux et invité Poitevin à y prendre part ;

Attendu que dans ces circonstances le jugement attaqué a pu, sans violer aucun des articles invoqués par le pouvoir et par une juste application des art. 1382 et 1383 précités, décider que Daudin n'avait pas pris les précautions nécessaires pour éviter les dégâts dont il s'agit et devait en être responsable :

Rejette etc.

N° 24 bis. — *Cour de cassation. Ch. req. Arrêt du* 10 *Decembre* 1877.

Attendu que, si les lapins d'un bois causent du dommage à un voisin, le propriétaire du bois peut être tenu à la réparation du préjudice souffert, non seulement quand ils lui appartiennent comme lapins de garenne, ce qui suffit en pareil cas, d'aprés l'art. 1385 code civ. pour le rendre responsable du dommage, mais encore, bien qu'ils ne lui appartiennent pas, comme animaux sauvages, lorsque, se plaçant sous le coup de l'art. 1383, il favorise ou facilite leur multiplication, en les attirant ou en les conservant, soit pour le plaisir de la chasse, soit par négligence, et qu'il refuse de permettre ou qu'il s'abstient de prendre des mesures, telles que des battues, des chasses et le défoncement des terriers, pour les détruire, avant qu'ils deviennent nuisibles aux fruits et aux récoltes des terres environnantes ; — Attendu en fait et suivant les qualités du jugement dénoncé que Fauchet, qui habite au bois

Guillaume, la ferme de la grande Madeleine, à côté de laquelle est une terre en nature de bois taillis, genêts et joncs marins, appartenant à Manoury d'Irville, et peuplée de lapins, prétend que son voisin, bien loin de chercher à les détruire, leur ménage des abris, au moyen des terriers et des fourrés qui se trouvent en grand nombre sur sa propriété, et qui leur servent de refuge ; — attendu, suivant les mêmes qualités, que Fauchet s'était aperçu qu'ils dévastaient sur sa ferme une pièce de terre ensemencée de blé, mit en demeure par une lettre du 7 Décembre 1876 Manoury d'Irville de les détruire et de faire procéder contradictoirement entre les parties, par un expert convenu à la constatation du dommage ; mais que Manoury d'Irville, au lieu d'obtempérer à cette invitation, se contenta d'offrir à Fauchet de les détruire lui-même et de défoncer les terriers, sous la condition de laisser sur place les lapins tirés et de répondre des dommages que lui ou ses préposés pourraient occasionner ; — Attendu que les dégâts déjà existants, d'après la lettre du 7 Décembre, suffisaient pour justifier la réclamation de Fauchet et fonder une action en dommages-intérêts ; que Manoury d'Irville ne pouvait plus se dégager de la responsabilité qu'il avait encourue ; qu'il ne l'aurait pu même en accordant la permission pure et simple de détruire les lapins ; et que, dès lors Fauchet, auquel il aurait été loisible de ne pas s'en tenir, pour toute satisfaction, à une offre semblable, a eu le droit, à plus forte raison, dans les mêmes conditions, de refuser celle qui lui était faite, et qui lui paraissait soumise à des restrictions inacceptables ; — D'où il suit que, dans les circonstances données, en confirmant la décision interlocutoire par laquelle le Juge de paix de Darnétal, avant de statuer au fond sur l'action de Fauchet, avait ordonné une visite de lieux et une expertise, à l'effet de vérifier l'existence et la cause du dommage allégué, le Tribunal de Rouen n'a violé aucune loi ; — Rejette.

N° 24 ter. *Justice de paix du canton sud de Melun, (Seine-et Marne).* — *Jugement du* 28 *août* 1878.

« NOUS, JUGE DE PAIX : — Vu le rapport des experts des 29 avril et 3 mai ; — Vu notre procès-verbal de visite des lieux ; — Vu les procès-verbaux d'enquête et contre-enquête ; — Vu les articles 1382 et 1383 du Code civil ; — Attendu, en fait, qu'il ressort des documents susvisés et des débats que le parc de Bellombre récelait, au moment où les dégâts dont se plaint Ballochard ont eu lieu, une assez grande quantité de lapins ; qu'il y en avait encore au moment de notre accession des lieux et de l'expertise, quoique dans une proportion moindre par suite de chasses toutes récentes ; — que les experts y ont constaté avec nous l'existence de nombreux terriers fréquentés ; que si quelques-uns ont été détruits, d'autres ont été conservés ; que quelques chasses individuelles et intermittentes, le plus souvent faites sans furets et sans bourses, ont été insuffisantes pour opérer une destruction sérieuse et efficace ; — Que si l'on regarde généralement comme impossible ou très difficile la destruction totale des lapins qui se fixent dans les bois d'une grande étendue et si de cette quasi-impossibilité résulte pour le propriétaire une sorte d'irresponsabilité quand il a fait le nécessaire pour les détruire, il n'en est pas de même d'un parc où il existe peu de taillis et dont la contenance, comme celui de Bellombre, n'excède pas 55 hectares ; — Que dans l'espèce, il s'agit d'un dommage presque volontaire, car il est constant qu'il dépendait de la volonté du propriétaire de le prévenir en ordonnant opportunément, c'est-à-dire lorsque se sont produites les premières réclamations verbales ou par correspondance du demandeur, des battues avec chasses au chien courant et, simultanément, le défoncement des terriers après les avoir purgés de leurs hôtes par l'emploi du furet et des bourses ; — Qu'au contraire la volonté de détruire ne s'est manifestée avec quelque énergie que vers le mois d'août 1877, selon les témoignages de l'enquête, c'est-à-dire tardivement et après la consommation des dégâts remontant aux mois précédents ; — Attendu que l'on essaye vainement de soutenir que les lapins du parc de Bellombre sont des lapins buissonniers qui s'y introduisent d'autant plus facilement qu'il est entouré en partie de haies vives où se trouvent des interstices qui leur en permettent l'accès ; — Qu'il est constant, au contraire, qu'il y a peu de lapins dans la contrée, et qu'il serait plus exact de reconnaître, ainsi que cela résulte de l'enquête et du rapport des experts, que le plus grand nombre de ceux que l'on trouvait dans la plaine au moment des dégâts, sortaient du parc, où ils avaient établi des demeures permanentes et se multipliaient; — Qu'il est juste de reconnaître qu'après des dégâts, le vicomte de Brimont a cherché à amoindrir ceux que l'on pouvait avoir à redouter encore par la suite, en faisant poser quelques grillages entre le parc et la pépinière du demandeur, mais que cette précaution même, excellente quand elle est bien appliquée et quand ces appareils sont bien agencés, a été jusqu'ici défectueuse et insuffisante, puisqu'elle permet encore aux lapins de sortir du parc pour entrer dans la pépinière et vice versa, les grillages n'ayant pas été suffisamment descendus dans ce sol, ainsi qu'il nous est apparu lors de la visite des lieux ; — que ces différents faits et circonstances ne laissent aucun doute que le dommage constaté dans les pépinières de

Ballochard n'ait été fait antérieusement au mois de juin, date des premières diligences du vicomte de Brimont, et qu'il ne provienne des lapins du parc de Bellombre, dommage qui devient plus sensible à mesure que l'on s'en rapproche davantage ; — Attendu que ce dommage est arrivé par la faute du défendeur et par sa négligence à le prévenir ; qu'aux termes des articles 1382 et 1383 du Code civil, il est tenu de le réparer ; — Attendu que si les évaluations des experts font une juste appréciation de la valeur des dégâts et qu'il soit vrai que les sujets en pépinière atteints par la dent des lapins sont généralement avariés et impropres au commerce, il y a lieu cependant d'abaisser le chiffre des indemnités en tenant compte, dans une certaine mesure, du risque auquel s'est soumis le demandeur en établissant ses pépinières à proximité du parc, et en second lieu, de cette circonstance qu'il a négligé de faire connaitre ses revendications au vicomte de Brimont, par une mise en demeure régulièrement signifiée dès l'origine des dégâts ; — Par ces motifs, jugeant en premier ressort, entérinons, sauf modification du chiffre des indemnités, le rapport des experts des 29 avril et 3 mai enregistré ; — En conséquence, condamnons le vicomte de Brimont à payer à Ballochard la somme de 900 francs pour les causes sus-exprimées aux intérêts de droit et aux dépens. »

Ce jugement a été, sur appel, confirmé, avec adoption pure et simple des motifs, par le Tribunal civil de Melun, le 24 *Janvier* 1879.

N° 25. — *Cour de cassation Ch. req. Arrêt du* 21 *Avril* 1879.

Attendu qu'il résulte du jugement attaqué que Thouroude a fait soigneusement garder la chasse de la forêt verte dont il était adjudicataire, et qu'il a négligé d'employer des moyens de destruction suffisants pour empêcher les lapins qui s'y étaient refugiés, de causer des dégâts aux récoltes contiguës de Tocque ; qu'en le déclarant responsable de la faute qu'il a ainsi commise, et en le condamnant à réparer le préjudice qui en a été la suite, le Tribunal civil de Rouen n'a ni violé ni faussement appliqué les articles 1382 et 1383 du code civil ; — rejette . . . .

N° 25bis. — *Cour de cassation Ch. req. arrêt du* 5 *Juillet* 1876.

Attendu que le propriétaire d'un bois autre qu'une garenne, ou le locataire de la chasse dans une forêt, n'est pas responsable, de plein droit, du dommage causé aux propriétés voisines par les lapins qui se trouvent dans son bois, ou par les animaux sauvages qui l'habitent ou s'y rassemblent ; et s'il ne peut être recherché à cet égard, à moins qu'il n'y ait eu, de sa part, faute, négligence ou imprudence dans les termes des art. 1382 et 1383 C. civ., il résulte de l'ensemble des déclarations, en fait, du jugement attaqué, que le demandeur a fait garder la chasse de façon à empêcher les propriétaires voisins de se livrer efficacement à la destruction des sangliers et des lapins qui se trouvent dans ses bois et qui ont commis les dégâts dont s'agit au procès ; qu'il y a là une constatation suffisante de l'exercice abusif du droit de faire garder la chasse, ce qui constitue une faute et justifie, par suite la décision attaquée ; — rejette. . .

N° 26. — *Cour de cassation Ch. civ. arrêt du* 1er *Mars* 1881 ;

La Cour, attendu que si les experts ont ajouté à leur-

rapport divers renseignements sur des faits qui n'avaient point été expressément compris dans l'objet de leur expertise, il résulte du rapport même que ces renseignements n'ont pu être fournis aux experts que par les deux parties et qu'ils ont été, du consentement de celles-ci, examinées et rapportées par les experts ; — D'où il suit qu'en refusant d'annuler pour ce l'expertise, et en y ayant égard dans son jugement, le Tribunal de Chaumont n'a violé aucune loi et n'a point porté atteinte aux règles de la libre défense ;

Sur le 2me moyen ; — Attendu que le tribunal de Chaumont a apprécié en fait, d'après l'ensemble des documents qui lui étaient soumis, l'importance des chasses faites ou permises par le prince de Joinville dans la forêt qui avoisine la ferme de Marnay, que du caractère et du résultat de ces chasses comparées avec le nombre d'animaux à détruire et de l'étendue de la forêt, il a conclu que le prince n'avait pas employé des moyens de destruction suffisants ; que ces appréciations par lui souverainement faites, il a pu conclure à la responsabilité du prince de Joinville envers Roblin, et n'a, par là violé aucune des dispositions de loi invoquées par le pourvoi ; — rejette.

N° 27. — *Justice de paix du canton de Rozoy (Seine et Marne).* — *Jugement du* 17 *Décembre* 1881.

Le Tribunal.

.... Attendu que par jugement du 11 décembre 1880 il a été nommé trois experts pour faire les constatations utiles aux époques jugées nécessaires, et fixer le dommage qui pourrait être dû par Siébes à Desnot ;

Attendu qu'en exécution de ce Jugement, la première visite a eu lieu le 20 Décembre 1880, la deuxième le 26 Juillet suivant :

.... Attendu qu'il résulte tant des constatations faites par les experts et consignées dans leur rapport, que de celles faites par le juge dans ses procès-verbaux de visites de lieux, qu'il existait de nombreuses coulées et traces de lapins, et même des terriers dans les pièces de blé de Desnot; qu'il y avait dans le bois de Vilbret, dont Sièbes a la chasse, une très grande quantité de lapins et une quantité innombrable de terriers très fréquentés et qu'il y avait aussi des terriers près les berges des fossés et dans les bordures du dit bois ;

Attendu que, si, lors de la première visite, Sièbes avait déjà fait entourer la pièce du Clos marchand, il a été reconnu que le grillage était insuffisant et mal posé ; que ce n'est que vers le 15 février dernier que Sièbes a fait entourer les pièces de la Bottière et de la Hanage, mais qu'il a été reconnu, lors de la visite du 29 mars suivant, que le grillage étant insuffisant et mal posé, les lapins sortant du bois de Vilbret fréquentaient encore les pièces de récoltes de Desnot en passant par dessus et par dessous les grillages ;

Attendu que lors de la visite du 20 Décembre 1880, il a été reconnu et constaté que les dommages causés aux récoltes de Desnot, dans les pièces de la Bottière et de la Hanage étaient très sérieux et irréparables, et que le dommage causé dans la pièce du Clos marchand était moins important ;

Attendu qu'il a encore été reconnu et constaté que les terres de Desnot par lesquelles des ravages existaient, avaient été bien cultivées, fumées et ensemencées, et que le blé était bien levé de façon à avoir une bonne récolte ;

Attendu qu'il résulte de la déposition des témoins et des débats que Sièbes avait détruit dans le dit bois de Vilbret contenant environ 350 hectares 504 lapins en 16 chasses du 8 Septembre 1880 au 5 avril 1881, dont 205 lapins en 9 chasses avant la première visite de lieux, et le surplus postérieurement à cette visite ; que d'après les indications fournies, ces chasses n'ont eu lieu qu'au fusil et par 2, 3, 4, 5, et 6 chasseurs et que la chasse qui a détruit le plus de lapins (74) est celle du 18 mars 1881 ;

Attendu qu'on ne saurait admettre que ces chasses soient suffisantes, pour exonorer Sièbes de toute responsabilité ; qu'en effet, il aurait du faire en temps opportun de grandes chasses au fusil avec furet et bourses et en même temps de grandes battues pour arriver à une destruction presque complète, et éviter ainsi les ravages des récoltes de blé de Desnot ; et qu'il aurait dû aussi défoncer et boucher les terriers et terrassons servant de refuge aux lapins ; qu'il a été reconnu et constaté que ces ravages étaient importants et causés par les lapins sortant du bois de Vilbret où ils existaient en très grande quantité ; qu'il est de toute évidence que Sièbes en ne prenant pas les précautions qui viennent d'être signalées, a entretenu ou tout au moins favorisé l'accroissement des lapins dans le bois de Vilbret, pour les plaisirs de sa chasse, ce qui entraine sa responsabilité dans les termes des art. 1382 et 1383 du code civil ;

Attendu que les entourages par lui faits des récoltes de Desnot l'ont été trop tard et d'une manière insuffisante, et que de ce chef il ne peut échapper à la responsabilité ;

Attendu que Sièbes ne saurait se prévaloir de ce que Desnot n'aurait pas défoncé et bouché les quelques terriers et terrassons que les lapins sortant du bois de Vilbret avaient établis dans ses pièces de récoltes puisque Desnot a déclaré ne les avoir laissé que pour éclairer la religion des experts et du Tribunal ;

Attendu que la responsabilité de Sièbes étant admise,

il y a lieu de déterminer le chiffre du dommage par lui dû à Desnot ;

Attendu que par leur rapport du 29 juillet les experts ait évalué le dommage causé à la somme de 4582 fr. 79 en déclarant avoir tenu compte de la part incombant à Desnot à cause de la proximité de ses pièces de récoltes du bois de Vilbret ;

.... Par ces motifs dit que Siébes a commis une faute et une négligence entrainant sa responsabilité dans les termes des articles 1382 et 1383 du code civ. le déclare en conséquence responsable des dommages causés aux récoltes de blé de Desnot par les lapins sortant du bois de Vilbret dont il a la chasse ; le condamne à payer la dite somme de 4,582 fr. 79 c. etc., etc.

*
* *

Nota. — Ce jugement a été frappé d'appel et le Tribunal civil de Coulommiers a réduit la condamnation principale à la somme de 1600 fr. contre Sièbes qui a été condamné aux dépens de première instance et d'appel.

Il a donc admis en principe la responsabilité, mais pour réduire la condamnation à 1600 fr. il a adopté les motifs suivants :

« Attendu que Sièbes en faisant poser vers le 15 février « 1881, des grillages bien que tardivement a diminué sa « faute ; et que de plus, Desnot a aussi à s'imputer en « faute de ne pas avoir défoncé et bouché les terriers et « terrassons établis dans ses champs par les lapins venant « du bois de Vilbret. »

N° 28. — *Cour de cassation Ch. req. Arrêt du* 19 *Mars* 1883.

LA COUR : Sur le moyen unique pris de la violation des articles 1382 et 1383 du code civil :

Attendu que le propriétaire ou le locataire d'un bois n'est pas responsable de plein droit des dégâts causés aux propriétés voisines par les lapins se trouvant dans ce bois; qu'il n'est pas obligé de les détruire lui-même ; qu'il est seulement obligé, s'il ne procède pas à cette destruction d'accorder aux voisins toute permission nécessaire pour qu'ils puissent le faire ;

Attendu qu'il résulte du jugement attaqué (Tribunal des Andelys 5 Avril 1882) que les défendeurs éventuels n'ont commis aucune faute ; qu'il est, au contraire, établi que Mettais-Carlier locataire de la chasse des bois de Brémontier, et tenu seul aux termes du bail, de la responsabilité des dégâts que pourrait causer le gibier, a donné à la veuve Bellanger, et avant qu'aucun dommage n'ait été constaté, l'autorisation, sans restriction ni réserve, de pénétrer dans les dits bois pour y faire suivre et détruire les lapins par tous moyens qu'elle jugerait convenable, et ce, pendant la durée du bail ;

Attendu que la dame Bellanger n'a pas usé de cette autorisation et qu'en supposant qu'elle ne comportât pas le droit de détruire les terriers, la veuve Bellanger qui n'a employé aucun des moyens mis à sa disposition pour détruire le gibier, ne peut être fondée à soutenir que cette autorisation était insuffisante ;

D'où il suit qu'en rejetant sa demande en dommages-intérêts contre les défendeurs éventuels, le jugement attaqué n'a pas violé les articles par le pourvoi ;

Par ces motifs, rejette....

2me espèce : — Delmas contre Brissat.— Arrêt.

LA COUR : Sur le moyen pris de la violation de l'article 1385 et de la fausse application de l'article 1382 code civil : —

Attendu qu'il résulte du jugement rendu par le juge de paix de Pont-sur-Yonne le 29 Avril 1881, que Delmas locataire de la chasse des bois de Beaufon et de l'Église voisins des propriétés de Brissot, n'a pris aucune des mesures nécessaires pour la destruction des lapins de ces bois, qu'il a fait soigneusement garder sa chasse, qu'il s'est opposé aux chasses et battues réclamées par les riverains et qu'il n'a coupé ni permis de couper les ronces et broussailles servant de refuge à ces animaux ;

Attendu que le même jugement constate que les lapins sortis de ces bois ont causé un dommage aux récoltes de Brissot ; qu'ils ont rongé le blé en herbe et détruit, sur une grande étendue la tige principale des épis ; — Que se fondant sur les faits établis par les visites des lieux, enquête et expertise auxquelles il avait été procédé, et tout en ordonnant une nouvelle expertise, qui serait faite à l'époque de la maturité du blé, pour déterminer l'importance du préjudice dont l'existence était constatée, le juge de paix a condamné Delmas envers Brissot à des dommages-intérêts à fixer par état ;

— Attendu que, sur réappel de Delmas contre ce jugement, le tribunal de Sens (3 Mars 1882) a déclaré que c'était à bon droit que le juge de paix avait établi le principe de la responsabilité du demandeur en cassation qu'il a ainsi reconnu lui-même l'existence de la faute et du préjudice constatés par le premier juge ; et que, s'il a déclaré que, faute par Brissot d'avoir fait procéder à une nouvelle expertise, il n'était pas possible de déterminer l'importance du dommage, il a pu, sans violer l'art. 1315 et par une juste application de l'art. 1382, condamner Delmas aux dépens à titre de dommages-intérêts ;

Par ces motifs, rejette...

N° 29. — *Justice de paix de Villeneuve l'Archevèque. Jugement du* 4 *Juillet* 1883.

Nous, Juge de Paix,

Attendu que les propriétaires des bois et forêts ne sont pas, comme les possesseurs des garennes, propriétaires des lapins qui se rassemblent dans leurs domaines, par suite de l'instinct qui porte ces animaux à se réunir dans les lieux où il se trouve des abris et des refuges, ils sont néanmoins par application des articles 1382 et 1383 du code civil responsables des dommages causés par les lapins aux récoltes des champs environnants, lorsqu'il est prouvé que loin de les détruire ou de permettre de les détruire en temps opportun, ils en ont favorisé la multiplication, et en ont par leur faute et par leur négligence, laissé accroître le nombre outre mesure ;

Attendu que ces principes s'appliquant aussi bien au locataire de chasse dans les bois et forêts qu'aux propriétaires eux-même, et qu'en l'espèce, s'il est établi par le sieur Dion locataire de la chasse dans les bois communaux de Vareilles et non nié par les défendeurs, qu'il a fait un certain nombre de chasse aux chiens et en battues, ainsi que des furetages pour arriver à réduire le nombre des lapins, les moyens ainsi employés ont été cependant insuffisants pour détruire dans la limite du possible, ces animaux qui, à la première séance de l'expertise ordonnée, c'est-à-dire au 13 mars dernier, occupaient encore dans les bois dont il s'agit un terrier d'environ trente ouvertures et d'autres moins importants.

Attendu qu'à la vérité, depuis le onze février dernier le défendeur avait, par lettres chargées, convié les sieurs Simonnet et Perreau à participer a toutes les chasses qui devaient se continuer jusqu'au mois d'Avril, suivant autorisations administratives sollicitées par Dion et à lui octroyées

Attendu que si les demandeurs n'ont pas cru devoir coopérer aux dites chasses, pareille abstention ne saurait cependant exonérer le défendeur de la responsabilité qu'il avait encourue en ce qui touche les dégâts antérieurs au onze février 1883 ;

Qu'effectivement les chasses accomplies à partir de ce moment jusqu'au 5 avril inclusivement n'ont eu pour effet que d'atténuer le préjudice déjà occasionné par les lapins à cette époque ; qu'elles ne sauraient, dès lors réagir sur les faits antérieurs à raison desquels le défendeur est recherché en justice ;

Attendu d'ailleurs que les susdites chasses ont été effectuées en même temps et par les mêmes chasseurs que celles qui ont eu lieu dans la forêt domaniale de Vareilles attenante aux bois communaux et dont la chasse appartient au sieur Trempé ; qu'une pareille circonstance vient singulièrement atténuer et amoindrir les résultats de destruction dont il est parlé dans les conclusions du défendeur ;

Attendu que les moyens employés par le sieur Dion antérieurement et même postérieurement au onze février ont donc été de toute évidence insuffisants pour arriver à une destruction efficace des lapins et protéger d'une façon sérieuse les récoltes des détenteurs riverains des bois communaux de Vareilles où il exerce le droit de chasse ;

Que dans ces conditions il aurait dû, pour mettre sa responsabilité à couvert, boucher et défoncer les terriers d'autant plus que ce soin lui est prescrit par l'article 26 du cahier des charges sur lequel il a été, à la date du sept août 1881, déclaré adjudicataire, lequel est ainsi conçu :

« Il est défendu aux fermiers de la chasse et à leurs « associés d'introduire sous aucun prétexte des lapins dans « les forêts ;- A moins d'en avoir été dispensés par une clause

« spéciale ils seront tenus de faire fouiller et renverser « tous les terriers de lapins qui se trouveront dans leurs « cantonnements et de détruire ces animaux par les « moyens autorisés par la loi du 3 mai 1844.

Attendu qu'en omettant de se livrer à ce mode exceptionnel de destruction, si les moyens ordinaires de chasse ne suffisaient pas pour la protection des récoltes des demandeurs, le sieur Dion a négligé de faire ce qui était en son pouvoir pour détruire les lapins et doit en conséquence être déclaré responsable du préjudice causé. Que d'un autre côté le fait par les demandeurs, de ne s'être point adressé à l'autorité administrative pour provoquer des battues ne constitue pas une faute qui leur soit opposable. Attendu que quels que soient les moyens que l'on emploie pour empêcher les lapins de se propager, il faut reconnaître, il est vrai, qu'il n'est pas possible de parvenir à les faire disparaître des bois et forêts et que les propriétaires et exploitants des terres contigues doivent toujours s'attendre à souffrir plus ou moins l'excursion de ces animaux. Que c'est là une servitude de situation dont il convient toujours de tenir compte et que les experts en l'espèce ont en effet, pris en considération dans leurs évaluations faites sous notre surveillance.

Par ces motifs.

Entérinons le rapport.... et condamnons le défendeur aux dépens.

N° 30. — *Cour de cassation Ch. req. arrêt du* 24 *Décembre* 1883.

Attendu que s'il est dit, au cours du jugement attaqué, que la duchesse d'Uzès n'a ni attiré ni retenu les cerfs et les biches, qu'elle n'en a pas favorisé la multiplication, le dit jugement constate d'autre part, en termes exprès, que la demanderesse en cassation n'a pas employé des moyens de destruction suffisants, que les traces de pas constatées par les experts, revèlent qu'elles ont été fréquentées par les cerfs en grand nombre, qu'il est constant par l'importance des dégâts commis sur un point aussi restreint que leur nombre excède la quantité que la forêt en devrait naturellement recéler ;

Attendu que le jugement attaqué a conclu du caractère et du résultat des chasses faites par la duchesse d'Uzès, comparés avec le nombre des animaux à détruire et de l'étendue de la forêt, que la dite dame avait commis une négligence en laissant subsister des cerfs plus qu'il en convenait et plus que n'en pouvait comporter le sol destiné à les nourrir.

Attendu que dans l'ensemble des faits ci dessus relevés et souverainement constatés par eux, les juges du fond ont pu voir une faute engageant la responsabilité de la duchesse d'Uzès, fermière de la chasse dans la forêt de Rambouillet.

D'où il suit que le tribunal civil de Rambouillet, en confirmant la sentence du juge de paix du canton nord de Dourdan, en date du 4 août 1882, et en condamnant la duchesse d'Uzés à payer à Gauron la somme de 1046 fr. 80 c. à titre de dommages intérêts, n'a violé aucun des des articles visés au pourvoi ; — rejette.

N° 31. — *Cour de cass. ch. req. Arrêt du* 7 *Mai* 1884.

LA COUR : — Sur le moyen unique du pourvoi tiré de la violation des art. 1382 et 1383 c. civ.; — Attendu qu'il résulte des constatations du jugement attaqué (tribunal des Andelys 27 Décembre 1881) que des dégâts importants ont été causés aux récoltes du sieur Pigache par les lapins du s[r] de Valon ; que celui-ci loin de prendre les mesures nécessaires pour combattre la multiplication de ces animaux, l'a au contraire favorisée en faisant depuis plusieurs années garder sévèrement sa chasse ; que s'il a fini par organiser des battues et faire défoncer quelques terriers, ces mesures ont été tardives et insuffisantes ; — Attendu qu'en cet état des faits souverainement constatés, le jugement attaqué a déclaré à bon droit le sieur de Valon responsable des dégâts causés par les lapins de son bois aux récoltes du sieur Pigache, et loin de violer les articles de lois visés au pourvoi, en a fait une juste application ; Par ces motifs, rejette. . . . .

N° 32. — *Cour de cassation Ch. req. arrèt du* 3 *juin* 1885.

Attendu que, si devant les juges d'appel, Raspail a demandé à prouver par témoins qu'il avait donné à un grand nombre de personnes des permis de chasse dans le but d'amener la destruction des lapins existant dans ses bois, et que des chasses ont eu lieu fréquemment au fusil et à l'aide des chiens courants, bourses et furets, il a été constaté par le jugement attaqué que loin d'avoir fait tout son possible pour la destruction des lapins, Raspail n'avait ni fait défoncer les terriers, ni autorisé les riverains à faire la destruction sur son propre terrain ; qu'ayant constaté l'existence des dégats considérables causés aux récoltes du défendeur éventuel par les lapins sortis des bois de Raspail, c'est à bon droit, par suite, que le jugement a déclaré le demandeur responsable du préjudice occasionné, et que le rejet des conclusions de Raspail se trouve ainsi justifié ; — rejette etc.

N° 33. — *Tribunal civil de Nantes. Jugement du* 6 *Juin* 1885.

« LE TRIBUNAL : — Attendu que l'appel est régulier, reçoit Le Rat de Magnitot, appelant d'un jugement interlocutoire, en date du 19 janvier 1884, et d'un jugement contradictoire, en date du 24 janvier 1885, rendu par M. le juge de paix de Magny ; — Au fond : — En ce qui touche le jugement interlocutoire du 19 janvier 1884 : — Attendu qu'il résulte des conclusions prises par les intimés, demandeurs en première instance, qu'ils avaient demandé que l'expertise fût étendue, non seulement aux récoltes déjà sorties de terre, mais aussi aux semences qui devaient être faites au mois de mars suivant ; — Attendu que Le Rat de Magnitot n'a pas protesté contre cette dernière partie des conclusions, et que, tout en déniant une responsabilité quelconque et en faisant des réserves sur le fond, il a consenti à la nomination d'experts qui ont été choisis par les deux parties ; qu'il y avait donc consentement implicite de la part dudit ; que le juge de paix n'a donc pas excédé son droit en donnant mission aux experts de porter leur examen aussi bien sur les récoltes à provenir des ensemencements de mars 1884 que sur celles déjà sorties de terre au moment de la plainte ; — Qu'il n'y a donc pas lieu d'annuler le jugement interlocutoire du 19 janvier 1884 ; — En ce qui touche le jugement du 24 janvier 1885 : — Attendu que Le Rat de Magnitot a été déclaré responsable des dommages causés par les lapins aux récoltes de Maillard et consorts et condamné vis-à-vis de ces derniers au payement d'une somme de 1 932 fr. 60 pour réparation de préjudice ; — Attendu que le principe de la responsabilté en cette matière découle des articles 1382 et 1383 du Code civil ; qu'en conséquence il ne suffit pas de constater un dommage, mais qu'il faut établir que ce dommage provient de la négligence, de l'imprudence du défendeur à l'action ; qu'en d'autres termes il est nécessaire de prouver qu'il y a eu faute de la part de ce dernier, et qu'aucun reproche au contraire n'est imputable aux parties plaignantes ; — Attendu, en fait, que, par son jugement en date du 19 janvier 1884, M. le juge de paix de Magny avait ordonné une expertise à l'effet de constater l'importance du dommage causé aux récoltes des demandeurs, le montant du préjudice, si les dégâts avaient été causés par les lapins provenant des bois de Le Rat de Magnitot, et si ce dernier avait fait tout ce qui dépendait de lui pour détruire les lapins existant dans ses bois ; — Attendu que, le 12 décembre de la même année, M. le juge de paix, trouvant le travail des experts insuffisant en ce qu'ils ne s'étaient pas expliqués dans leur rapport sur plusieurs des questions faisant l'objet de leur mission, notamment sur le point de savoir si de Magnitot avait fait les diligences nécessaires pour détruire les lapins existant dans ses bois et aussi sur divers faits relatés dans un mémoire produit par le défendeur au cours de l'expertise, en ordonnait une nouvelle, en adjoignant un troisième expert aux deux nommés par les parties, lors du jugement du 19 janvier ; — Attendu que, dans son jugement du 24 janvier 1885, le juge de paix constate que, pas plus dans le second rapport que dans le premier, les experts ne s'expliquent sur la troisième question posée dans le premier jugement : « M. de « Magnitot a-t-il fait tout ce qui dépendait de lui pour « empêcher la multiplication des lapins dans ses bois » ? — Attendu que, malgré cette prétendue lacune, si importante dans la mission donnée aux experts, le juge de paix n'en a pas moins affirmé, dans son jugement, la responsabilité de Magnitot en se fondant : 1° sur ce qu'il résulte des faits constatés par les experts qu'en 1882 et 1883, de

Magnitot aurait laissé les lapins se multiplier avec excès ; — Qu'il a commencé ses battues en octobre 1883, et les a continuées jusqu'au 18 mars 1884, et en outre chassé personnellement avec chiens d'arrêt et chiens courants ; qu'il ajoute que ces moyens ont été insuffisants pour empêcher la destruction des récoltes ensemencées, suivant les demandeurs, au milieu d'octobre ; suivant de Magnitot, après la Saint-Martin, c'est-à-dire dans la deuxième quinzaine de novembre; — Attendu que l'on recherche en vain dans les rapports d'experts quels sont les faits d'où le premier juge fait déduire l'affirmative que de Magnitot aurait laissé les lapins se multiplier avec excès pendant les années 1882 et 1883 ; que ces rapports sont muets à cet égard ; qu'il n'a pas été procédé à une enquête ; que du reste, si les lapins ont multiplié dans le cours de l'année 1883, ce fait, qui peut résulter d'une année plus spécialement favorable à la reproduction de ces animaux, ne pouvait être empêché par de Magnitot ; qu'il ne lui était pas possible, pendant l'été de 1883, en raison des feuilles, des terres recouvertes de récoltes où se trouvent ordinairement les nids de lapins, de se livrer à une destruction anticipée ; qu'il ne pouvait le faire qu'à la chute des feuilles, c'est-à-dire vers octobre 1883 ; — Que le juge de paix reconnaît, du reste, qu'il a commencé à détruire à cette époque par des battues et des chasses nombreuses, mais en constatant que ces moyens ont été insuffisants ; — Attendu que le juge de paix ajoute que des terriers ont été reconnus dans les bois des demandeurs, dont quelques-uns d'une petite surface sont voisins de ceux du défendeur ; que rien n'indique qu'ils aient favorisé la propagation des lapins dans leurs propriétés ni créé des terriers artificiels ; — Attendu que le seul fait d'existence de terriers dans les bois des demandeurs établit par lui-même que ces derniers n'ont pas cherché à empêcher la propagation des lapins ; — Qu'en conservant ces terriers, ils y attiraient nécessairement ceux des bois Magnitot, puisque ces animaux recherchent spécialement les bordures de plaines cultivées ; que, s'ils s'étaient appliqués au contraire à les boucher chaque fois qu'ils se reformaient, ils pourraient utilement reprocher à de Magnitot de ne pas avoir fait de même ; — Attendu que le jugement impute à de Magnitot d'avoir laisser subsister de grands terriers sur la bordure ; que les experts déclarent qu'ils n'ont pas trouvé en ce moment trace de destruction des terriers, ainsi que le prétend le défendeur; — Attendu que la destruction des terriers dans un bois est inefficace pour opérer la destruction des lapins, surtout lorsque le bois est un sol sablonneux ; — Qu'en effet, du jour au lendemain, les lapins rétablissent rapidement ces terriers, soit au même lieu, soit dans un autre endroit ; que ce seul fait de non-destructiou des terriers est insuffisant par lui-même pour entraîner la responsabilité du propriétaire du bois ; que, d'ailleurs, de Magnitot affirme avoir détruit des terriers ; que le contraire n'est pas démontré par les experts, dans leur seconde expertise, faite, près d'un an après les premières poursuites ; que leur dire ne contient qu'une présomption insuffisante ; — Attendu qu'il est constaté par les experts que d'autres terriers existaient dans des talus endommagés, servant de refuge aux lapins ; qu'ils constatent également qu'il existe des terriers dans tous les chemins creux, dont quelques-uns ont été bouchés récemment avec des pierres (c'est-à-dire depuis le procès); que ces chemins sont assez éloignés des terrains sur lesquels les récoltes ont été mangées, sauf la cavée dite *d'Amende* et un tas de moellons de quelques mètres cubes entassés, et servant de refuge aux lapins ; — Attendu qu'en présence de ces constatations, le juge de paix conclut que, les experts ne s'étant livrés à aucun calcul pour déterminer dans quelle proportion les lapins d'une autre origine ont pu contribuer au dommage, c'est que ces lapins sont en quantité insignifiante et inappréciable ; — Attendu que ce magistrat, en présence de ce silence, de cette lacune des rapports, aurait dû, pour s'éclairer, provoquer, soit un nouvel examen, soit des explications verbales des experts ; qu'il ne pouvait s'armer de ce silence pour faire retomber sur le défendeur seul une responsabilité qui, en la supposant fondée, aurait pu être atténuée dans une certaine mesure ; — Attendu que le jugement reproche encore à de Magnitot de n'avoir fait signifier que tardivement aux demandeurs une autorisation de chasser et de détruire, et ce à la date du 1er février ; — Attendu que c'est à la date du 12 janvier que le défendeur a été cité en conciliation, et que c'est seulement à ce moment qu'il a été instruit des réclamations des demandeurs ; que, d'ailleurs, si des dégâts existaient alors pour les récoltes de seigle et de blé, les avoines et les blés dits *de mars* ne devaient être semés qu'un mois plus tard ; que les demandeurs ont déclaré que leurs occupations ne leur permettaient pas de se livrer à la chasse, prétexte assez étrange, lorsqu'il est affirmé et non dénié que ceux-ci forment une société de chasseurs, et par conséquent ne sont pas arrêtés par leurs occupations pour se livrer au plaisir de la chasse; — Qu'il est certain qu'une autorisation de ce genre, lorsqu'elle se joint à un fait de destruction continue et permanente de la part du propriétaire, n'est pas inefficace et inopérante, ainsi que le prétend le premier juge. — Attendu qu'il est établi que de Magnitot a fait de nombreuses battues et chasses particulières depuis le 4 octobre 1883 jusque dans le courant de l'année 1884, en vertu d'une autorisation du préfet de Seine-et-Oise ; qu'il affirme et qu'il n'est pas dénié qu'il ait fureté ses terriers très fréquemment qu'il affirme également avoir détruit à plusieurs reprises ses terriers ; que les demandeurs n'apportent pas la preuve contraire ; que c'est à celui qui invoque la faute de son adversaire à l'établir ; qu'enfin le deuxième rapport vient confirmer dans une certaine mesure les affirmations du défendeur, lorsqu'il constate, sous le numéro 6 de ses réponses aux questions posées par le juge de paix, que, vers la fin de l'année 1883 et dans les premiers mois de 1884, de Magnitot a fait opérer seize grandes battues, ainsi que plusieurs chasses particulières, dans le but ajoute-t-il, de détruire ou de diminuer d'une façon notable le nombre des lapins ; que, malgré toutes ces précautions, il en restait une certaine quantité, mais répartis sur toute la surface des 150 hectares de bois ; que cet aliéna se termine par cette phrase : « Que, du reste, il n'est guère facile, sur une « aussi grande surface, de détruire jusqu'au dernier » ; — Attendu que c'est là, quoi qu'en dise le premier juge, une réponse implicite à sa troisième question : « De Magnitot « a-t-il fait ce qu'il a pu pour détruire les lapins existant « dans ses bois ? » — Attendu, au surplus, que le rapport des premier experts est tout à fait insuffisant au point de vue de la constatation et de l'évaluation des dommages ; qu'en effet il ne fait pas connaître la qualité, l'état de préparation, de fumure de ses terres, des encemencements etc., toutes données intéressantes pour leurs conclusions ; qu'en outre un des experts fait connaître, par une annotation en marge, son appréciation particulière, venant détruire une affirmation du rapport ; qu'un pareil rapport aurait dû être annulé à tous les points de vue ; que c'est donc à tort que jugement dont est appel prononce condamnation contre l'appelant ; que la religion du Tribunal est suffisamment éclairée, et qu'il est inutile de faire droit à la demande d'enquête de l'appelant ; — Par ces motif, — Confirme le jugement interlocutoire du 19 janvier 1884 ; sur le second jugement du 24 janvier 1885, met les appellations et ce dont est appel à néant ; — Emendant, décharge l'appelant de toute condamnation prononcée contre lui ; — Ordonne la restitution de l'amende ; — Condamne les intimés au dépens de première instance et d'appel. »

N° 34. — *Tribunal civil des Andelys. Jugement du* 16 *juin* 1885.

LE TRIBUNAL : — Attendu qu'il est constant et reconnu par les parties en cause que Lamouche s'étant plaint verbalement le 22 janvier 1884 ; que les lapins causaient des dégats à son blé, Lenepveu a, deux jours après le 24 janvier 1884, par exploit de Roisin, huissier à Fleury-sur-Andelle, enregistré, fait signifier par les locataires de la chasse de ses bois de Bacqueville, Hubertdeau et Daliphard, aux termes du bail du 2 octobre 1881, reçu par Malandrin notaire à Pont-Saint-Pierre, « l'auto« risation de pénétrer dans lesdits bois, à l'effet de détruire « soit au fusil, soit aux furets, les lapins pouvant s'y trou« ver, et au besoin de défoncer les terriers ; qu'en un mot « toutes autorisations étaient accordées pour la destruction « desdits lapins » ; que cette autorisation était donnée d'une façon générale, absolue et sans réserves ;

Attendu qu'il est le doctrine et de jurisprudence que le propriétaire d'un bois, où se trouvent des lapins, n'est responsable des dégâts causés par ces lapins que lorsqu'il n'a rien fait pour les détruire, après les plaintes qui l'ont averti de ces dégâts en refusant notamment aux riverains d'en opérer la destruction ; qu'il n'en a été nullement ainsi en l'espèce ; qu'en effet, sitôt averti, Lenepveu a fait signifier à Lamouche l'autorisation de détruire, ainsi que le constate le jugement dont est appel ; que tout indique que, si Lamouche se fût plaint antérieurement, Lenepveu eût immédiatement donné toute autorisation de détruire, et que si Lamouche s'est abstenu, c'est qu'il avait la prétention de soutenir, ainsi qu'il l'a fait, que la destruction des lapins était, dans tous les cas, à la charge de Lenepveu ; qu'il est constant, en définitive, que l'autorisation aurait été donnée plus tôt si plus tôt Lamouche avait fait connaître l'état des choses, dont il avait à se plaindre ; que si une mse en demeure n'est pas nécessaire, il faut que le propriétaire du bois ait eu connaissance des dommages par les plaintes des riverains ; qu'il doit être averti antérieurement à toute action ; qu'il n'y a eu, en conséquence, en la cause, de la part de Lenepveu, aucune faute, imprudence ou négligence susceptible de le rendre responsable du préjudice qu'aurait éprouvé Lamouche ; que ce dernier, au contraire, a à s'imputer à faute le silence par lui intentionnellement et malicieusement observé, alors qu'en arrière et à l'insu de Lenepveu qui habite Rouen, il faisait, le 2 décembre 1883, placer un parc en fil de fer dans une partie de sa pièce, démontrant ainsi à l'évidence son intention d'actionnier ultérieurement Lenepveu, qui, s'il avait, à cette époque, reçu sa plainte, lui aurait dès lors, fait notifier l'autorisation, donnée le 24 janvier, à sa première réclamation ;

En fait :

Attendu qu'il est établi pour le Tribunal, par les éléments versés aux débats, que le dommage devrait, sinon totalement disparaître, du moins être considérablement amoindri, si les lapins avaient été détruits à partir de l'autorisation donnée, tandis que Lamouche, au lieu de profiter de l'autorisation de détruire, à lui donnée dans les termes les plus larges, n'en a absolument rien fait ;

Attendu qu'en présence de ce qui précède, il n'y a pas à s'arrêter aux autres moyens et considérations mis en avant ; qu'il y a lieu de réformer les jugements d'appel et de condamner Lamouche qui succombe en tous les dépens ; (art. 130 C. pr. civ.)

Par ces motifs ;

En la forme :

Déclare Lenepveu recevable en son appel ;

Au fond :

Dit qu'il a été mal jugé, bien appelé ; en conséquence met à néant les jugements des 16 avril, 17 septembre 1884 et autres dates, dont est appel ;

Corrigeant et réformant, dit et juge que Lenepveu n'est pas responsable des dégâts prétendus soit antérieurs, soit postérieurs au 24 janvier 1884 ;

Déboute Lamouche de ses demandes, fins et couclusions et le condamne en tous les dépens de première intance et d'appel et en accorde distraction au profit de Me Michel, avoué, aux affirmations de droit ;

Rejette au surplus toutes autres demandes, fins et conclusions.

N° 35. — *Cour de cassation Ch. req.* — 19 *Janvier* 1886.

LA COUR : — Attendu que la sentence du juge de paix de Nanteuil, dont le jugement attaqué (Tr. Senlis 17 décembre 1884) a adopté les motifs, constate : d'une part, que le dommage causé aux propriétés de Lacroix par les lapins habitant le bois de Bonnel de Longchamps est hors de proportion avec celui qui peut résulter naturellement du voisinage dudit bois ; d'autre part, que Bonnel de

Longchamps n'a pas organisé de battues, qu'il n'a ni défoncé ni bouché les terriers, et qu'il n'a accordé d'autorisations de chasse que dans des conditions restreintes et insuffisantes pour opérer la destructions des lapins ; que de l'ensemble de ces faits, le jugement attaqué a pu conclure que le propriétaire du bois avait commis une faute entrainant sa responsabilité. — D'où il suit qu'en le condamnant à réparer le dommage causé par cette faute, le tribunal de Senlis n'a violé ni faussement appliqué les art. invoqués par le pourvoi : — Rejette.

N° 36. — *Justice de paix du Sud de Dourdan (S. et O.) Jugement du* 27 *Août* 1886.

Attendu en fait qu'à la première expertise du 18 janvier 1886, les experts dans leur visites des bois dont la chasse appartient au s[r] X..... défendeur, ont constaté : 1° une certaine quantité ne terriers dont la plus grande partie avaient été bouchés et dont quelques uns seulement étaient fraichement débouchés. — 2° Un grand nombre de coulées se dirigeant vers la plaine et dont quelques unes paraissant fraichement faites se continuaient sur les champs. — 3° Sur la hauteur et bordant les champs une pièce de terre plantée en genets et dépendant de la forêt, dans laquelle se trouvaient de nombreuses coulées. Attendu que des dégâts commis sur les récoltes des demandeurs par des lapins provenant des bois dont s'agit ont été révélés par cette première expertise et que si ces dégâts n'étaient pas considérables, ils n'en ont pas moins été une des causes des pertes de récoltes constatées dans la derniére expertise. Attendu qu'à la deuxième visite de lieux les experts ont encore constaté sur certaines piéces de terre, des traces plus ou moins nombreuses de lapins ; que si sur d'autres pièces, il ne s'est pas trouvé de nouveaux dégâts, les premiers dégâts ne subsistaient pas moins.

Attendu que la troisième visite de lieux a révélé des pertes de récoltes que les experts ont attribués aux lapins provenant de la partie de forêt louée pour la chasse au sieur X..... défendeur.

Attendu qu'il s'agit d'examiner si les pertes de récoltes qui ont été constatées dans la troisième visite de lieux et que les experts ont attribuées aux lapins provenant de la partie de forêt louée pour la chasse au sieur X..... défendeur, doivent être imputées à ce dernier et s'il doit en être déclaré responsable.

Attendu qu'il n'est pas douteux que les dégâts constatés dans la première expertise ont contribué en grande partie à la perte de récoltes évaluée par les experts ; que si ces dégâts ne se sont pas augmentés dans une forte proportion, cela tient à ce que le défendeur a opéré dans une certaine mesure la destruction des lapins depuis le moment où il a été mis en demeure par la plainte des demandeurs ; que toutefois, cette destruction n'a pas été suffisante puisqu'elle n'a pas empêché les dégâts de se continuer.

Attendu que le moyen de défense tiré de ce que les demandeurs ont été prévenus qu'à partir du 1er février jusqu'au 30 juin 1886, ils seraient libres de chasser et de détruire les lapins dans les bois loués pour la chasse au sieur X..... ne peut être valablement opposé aux demandeurs ; qu'en effet, cette permission donnée à certains jours pour un nombre limité de chasseurs qui se trouvaient d'ailleurs exposés à des procès si ce nombre venait à être dépassé, ne peut être considéré comme un moyen efficace de destruction.

Attendu que le défendeur allègue vainement que le

préjudice éprouvé par les demandeurs est insignifiant si l'on considère que leurs pièces de terre sont soumises par leur situation à une servitude naturelle ; qu'en effet, les experts ont, dans leurs évaluations de pertes de récoltes, fait la déduction de la part que les demandeurs sont obligés de supporter à titre de servitude de voisinage des bois, ainsi qu'ils l'ont déclaré dans le procès verbal de la dernière expertise, et que le chiffre de cette perte de récolte qui est de 3000 fr. répartis sur une étendue de 8 hectares 75 ares, donne encore une perte d'environ 34 fr, par hectare, de nature à justifier la plainte des demandeurs.

En droit, attendu que le propriétaire de bois, de même que le locataire d'un droit de chasse sont responsables des dégâts commis par le gibier provenant de leurs chasses, aux récoltes des champs voisins, par application des dispositions des articles 1382 et 1383 du code civil, quand il est relevé contre eux un fait ou une négligence constituant une faute.

Attendu que le sieur X..... faisant garder sa chasse ne pouvait s'exonorer de cette responsabilité qu'en opérant la destruction des lapins dans une mesure telle que les dégâts éprouvés par les propriétaires de champs voisins, ne puissent dépasser ce qu'on appelle la servitude de voisinage, ou bien en permettant dans ses bois, la chasse de ces animaux.

Attendu qu'il résulte des faits qui précèdent : que le s^r^ X..... n'avait pas encore pris ses mesures au moment ou les premiers dégâts se sont produits sur les récoltes des demandeurs — que les moyens de destruction qu'il a employés depuis, n'ont pas été suffisants puisque les dégâts ont continué et occasionné les pertes de récoltes ci-dessus constatées. Enfin que la chasse des lapins n'a jamais été libre dans ses bois par suite des restrictions que contenait la permission par lui donnée.

Attendu que ces faits démontrent une faute, une négligence de la part du sieur X..... défendeur et qu'il y a lieu de le déclarer responsable des pertes de récoltes éprouvées par les demandeurs.

Attendu que les experts ont fixé l'importance de dommages le plus exactement possible, en tenant compte de la situation auprès des bois, des terres chargées de récoltes ; nous, juge de paix, enterinons le rapport du 22 Juillet 1886 ; condamnons le s[r] X etc. etc.

N° 37. — *Justice de Paix de Criquetot-l'Esneval (Seine-Inférieure.) Jugement du* 15 *Novembre* 1886.

Attendu, comme l'a décidé la Cour de cassation, dans son arrêt du 22 juin 1870, que le propriétaire d'un bois autre qu'une garenne n'est pas responsable de plein droit des dégâts causés par les lapins qui se rassemblent dans ce bois ; que, ces lapins n'étant ni sa propriété, ni en sa possession, ni sous sa garde, l'article 1385 du Code civil n'est pas applicable et que le propriétaire ne peut être recherché que s'il y a eu de sa part faute, négligence ou imprudence, dans les termes des articles 1382 et 1383, en laissant les lapins se mutiplier par suite du refus qu'il aurait fait de les détruire ou de les laisser détruire ; — Que, par suite, le propriétaire qui non seulement ne fait pas garder sa chasse, mais au contraire la laisse entièrement libre, qui en outre n'a pas apporté de lapins dans son bois et n'en a pas favorisé la multiplication, soit en leur procurant des terriers, soit de toute autre façon, mais qui s'est tout simplement borné à laisser vivre dans ses bois les animaux que leur instinct naturel y a fait venir, est déchargé de toute responsabilité vis-à-vis des riverains ; en effet, il n'a rien importé, rien attiré ; il n'a également rien retenu, rien conservé, puisque tous, riverains comme étrangers, ont pu détruire les animaux nuisibles, comme bon leur semblait ; — Attendu qu'il en est tout autrement du propriétaire de bois qui fait soigneusement garder sa chasse ; qu'à la vérité le seul fait d'avoir des gardes n'implique pas nécessairement l'intention de favoriser la multiplication du gibier en détriment des récoltes voisines, mais c'est une circonstance de nature à autoriser le juge chargé d'apprécier l'ensemble des faits à admettre la responsabilité du possesseur de bois, tandis que le propriétaire qui laisse sa chasse libre ne peut jamais être passible de dommages-intérêts, parce que c'est alors aux fermiers à prendre telle mesure qu'ils jugeront convenable pour protéger leurs récoltes ; au contraire, le propriétaire qui empêche les voisins de chasser dans ses bois doit en revanche détruire ou faire détruire tous les animaux nuisibles pouvant faire des dégâts dans les propriétés contiguës à la sienne ; qu'en effet ce dernier, en ne permettant pas aux voisins de chasser les lapins, favorise jusqu'à un certain point leur multiplication ; que tout au moins il assure leur conservation et empêche leur destruction ; que le fait de conserver les lapins, soit par négligence, soit plutôt pour le plaisir de la chasse, en ne permettant ou en s'abstenant de les détruire par des mesures telles que des battues, des chasses, le furetage et le défoncement des terriers, avant qu'ils ne deviennent nuisibles aux fruits et aux récoltes environnants, engage nécessairement la responsabilité du propriétaire des bois ; qu'il en est de même si les battues et les autres mesures prises demeurent insuffisantes et ne mettent pas fin aux ravages commis par les lapins dans les champs voisins ;

qu'en résumé le propriétaire qui fait garder sa chasse assume par cela même la responsabilité de la destruction des animaux malfaisants ; qu'il prend, en défendant aux riverains de détruire les lapins existant dans ses bois, l'obligation de les détruire de ou les faire détruire lui-même, et ce de telle façon qu'il ne puisse résulter pour les récoltes voisines aucun préjudice ; que si, cette destruction est incomplète, il devient responsable vis-à-vis des riverains qu'il a empêchés de se protéger eux-mêmes ; — Attendu que vainement MM. Acher et Lecoq soutiennent que tout riverain de bois est astreint à supporter dans une certaine mesure les dégats occasionnés par les animaux nuisibles habitant les bois contigus ; qu'ils allèguent une quasi-servitude au profit du fonds forestier sur le fonds agreste ; que cette théorie, dont le code civil ne contient aucune trace, est en opposition manifeste avec l'article 1er du titre 1er de la loi des 28 septembre 6 octobre 1791, ainsi conçu : «Le territoire de France dans toute son étendue est « libre comme toutes les personnes qui l'habitent ; ainsi « toute propriété territorial ne peut être sujette, comme les « particuliers, qu'aux redevances et aux charges dont la « convention n'est pas défendue par la loi ; » — Que cette théorie, reproduite sous une forme adoucie lorsque les défendeurs allèguent que « le nombre des lapins existant « dans leurs bois n'excède pas la quantité normale », ne pourrait entraîner qu'incertitudes et erreurs ; qu'il faudrait d'abord déterminer la quantité de lapins qui par hectare auraient le droit d'exister dans les bois ; rechercher si ce nombre est dépassé ou non ; que la fixation de cette quotité varierait sans cesse avec les lieux, les temps, la nature du terrain et l'appréciation des experts ; que, d'un autre côté, la constatation du nombre de lapins existant et circulant dans les bois entraînerait des difficultés insurmontables ; —

Attendu que la meilleure preuve de la trop grande quantité de lapins dans un bois résulte du fait matériel des dégâts mêmes, dès lors qu'ils ont un caractère assez sérieux pour motiver une action judiciaire, dégâts qui seraient sans gravité si les bois voisins ne contenaient pas un trop grand nombre de lapins ; que cette constatation d'une quantité nuisible de lapins implique nécessairement, si la chasse est gardée, la faute, soit par négligence, soit par imprudence, du propriétaire du bois, qui n'a pas détruit ni fait détruire ces animaux malfaisants de sorte que les riverains n'éprouvent de leur fait aucun dommage ; que cette faute rend son auteur responsable du tort causé, et que ce dernier doit alors payer aux voisins lésés une indemnité égale au préjudice éprouvé ; — Attendu que c'est à tort que MM. Acher et Lecocq allèguent la nécessité d'une mise en demeure préalable ; que les auteurs d'un quasi-délit, comme dans l'espèce, sont responsables par le fait même ; que c'est à eux de prévoir les conséquences de leur faute ou de leur négligence ; que les articles 1382 et 1383 du Code civil n'imposent nullement cette condition à la victime de la faute ou du fait dommageable ; que souvent même le préjudice résultant d'une faute ne peut être prévu à l'avance; qu'une mise en demeure n'est donc pas nécessaire, et que son défaut ne peut autoriser aucune fin de non-recevoir contre l'action du voisin réclamant des dommages-intérêts ;

En fait : — En ce qui concerne Mme Leport : Attendu que cette dame affirme par l'organe de son mandataire, affirmation dont Dutot a reconnu la véracité à l'audience du 12 de ce mois, qu'elle ne fait pas garder sa chasse, qu'elle n'a jamais importé de lapins dans son bois, ni rien fait pour assurer leur conservation ; que par suite elle ne saurait être responsable des dégâts causés par les quelques lapins se trouvant dans son bois, puisqu'il est est permis à Dutot comme à tout autre de les détruire par tous les moyens qu'il jugera utiles ; qu'elle doit donc être mise hors de cause ;

En ce qui concerne Dutot :

Attenduqu'il résulte du rapport des experts que, dans la lisière du bois dépendant de la location de Dutot, il n'a été trouvé ni lapin ni terrier ; que par suite les experts lui ont fait à tort supporter une partie des dégâts constatés dans le champ N. O. — En ce qui concerne MM. Acher et Lecoq : Attendu que MM. Acher et Lecoq soutiennent à tort que l'action intentée par Dutot est téméraire, vu la modicité du chiffre auquel les dégâts ont été évalués ; que le juge n'a pas à se préoccuper du plus ou moins d'importance du préjudice ; qu'il suffit que le dommage soit réel bien constaté et appréciable, pour qu'il accorde, étant admis le cas de responsabilité, des dommages-intérêts ; que du reste, cette absence de préjudice sérieux n'existe pas dans la cause ; que si le chiffre des dommages-intérêts fixé par les experts est insignifiant eu égard à la fortune des défendeurs, il n'indique pas moins des dégâts considérables relativement à la grandeur des pièces de terre où le dommage a été constaté ; qu'en effet sur la pièce de blé N. E., contenant 2 hectares, pièce dont le rendement normal peut s'évaluer, eu égard à l'assolement, de 850 à 900 francs par an, les experts ont évalué les dégâts à 200 francs, c'est-à-dire presque au quart de la récolte ; que, dans la pièce N. O., contenant 1 hectare, ils ont constaté un dommage de 50 francs, équivalant environ un huitième du rendement ; que le préjudice causé à Dutot a donc été sérieux, et que de ce chef son action est recevable. — Attendu que, du plan annexé au rapport, il résulte que les experts ont reconnu dans les bois de M. Acher environ quarante terriers, ayant près de trois cents gueules ; chez M. Lecoq, environ quinze terriers, dont plusieurs très grands, ayant environ cent quarante gueules ; que, de l'aveu des défendeurs, il a été tué, chez M. Acher, pendant la dernière saison de chasse, deux cent cinquante lapins ; chez M. Lecoq trois cent quatre-ving-cinq lapins ; qu'en admettant que le nombre en fût diminué au mois d'avril, époque à laquelle les experts ont commencé leurs opérations, il n'en demeure pas moins constant que ces lapins ont dû, dès le début de la saison, causer au blé de Dutot un préjudice considérable ; que les experts ont eu tort de parler dans leur rapport de quantité normale de lapins dans les bois ; qu'en effet, d'un côté, un certain nombre de lapins avait été détruit avant leurs opérations ; que, d'un autre côté, ils ont bien chassé avec l'aide d'une meute et de traqueurs les lapins existant dans les deux bois, mais qu'ils ont oublié de fureter dans les terriers ; qu'il est certain que les lapins chassés ont dû se réfugier dans les terriers de M. Acher longeant le chemin de Cuverville au Mont-Boty ; que par suite les experts n'ont pu indiquer qu'approximativement le nombre de lapins levés par les chiens ; — attendu qu'il est constant que MM. Acher et Lecoq ont fait chasser d'une manière sérieuse dans leur bois ; que M. Lecoq a fait en outre percer des allées pour rendre le tir plus facile et a fait enlever les broussailles qui pouvaient servir d'asile aux lapins, mais qu'il ne résulte pas nécessairement des documents produits et des témoignages recueillis que ces messieurs aient fait tout leur possible pour détruire les lapins; qu'ils allèguent vainement le nombre de pièces tuées par eux ; que cette allégation peut se retourner contre eux, en prouvant l'abondance des lapins dans leurs bois et la nécessité de faire des battues plus fréquentes ; — Attendu, en résumé, qu'il résulte du rapport des experts que, par suite des ravages des lapins provenant des bois voisins, le blé semé par Dutot sur deux pièces de terres sises à Fongueusemare a été mangé à différentes reprises ; qu'un certain nombre de tiges avaient été, lors de la dernière visite, coupées à 10 centimètres du sol ; que d'autres ne portaient que des épis petits et maigres, provenant incontestablement de plantes dont la première pousse avait été détruite ; que les jouettes et crottes trouvées dans les champs ne laissaient aucun doute sur les auteurs de ces ravages ; qu'en somme les lapins avaient fait un tort sensible à la récolte excrue sur la pièce N. E. et un tort moins considérable, mais encore fort appréciable cependant, dans la pièce G. O. ; — Attendu que Acher et Lecoq, en ne permettant pas à Dutot de détruire ces rongeurs et en les laissant croître en nombre suffisant pour faire des dégâts dans les propriétés voisines, ont commis une faute dont il sont responsables ; — Vu le chiffre des dommages-intérêts ; — Attendu que les expert, ayant terminé leurs visites au 15 juillet dernier, ne se sont pas occupés des conditions dans lesquelles s'effectuerait la moisson ; que ces conditions étaient néanmoins importantes à relever, puisque le préjudice variait suivant que la récolte était plus ou moins bien rentrée ; que les défendeurs ne peuvent être tenus que de réparer le préjudice causé et que, pour calculer ce préjudice, il fallait attendre le moment où le blé se trouvait rentré dans la grange ; que les experts ont calculé le préjudice comme si la moisson s'était effectuée dans des conditions normales, tandis que cette année cette opération a été faite dans des conditiou peu satisfaisantes ; que le blé, après avoir mal mûri, a été rentré à une époque pluvieuse et a par suite subi une dépréciation ; que la quantité de blé mangé par les lapins aurait subi les intempéries de la saison, et que par suite il y a lieu de réduire de ce chef d'un dixième le chiffre fixé pour les dommages-intérêts ; — Sur la répartition des dommages...; — Par ces motifs, mettons hors de cause Mme Leport, disons que Dutot, n'a aucune part de responsabilité à encourir, condamnons Acher à payer à Dutot, à titre de dommages-intérêts, la somme de 135 frs.; Lecoq à payer au même titre la somme de 54 frs. ; les condamnons en outre aux intérêts de droit, etc. »

N° 38. — *Tribunal civil de Bernay. Jugement du* 8 *Décembre* 1886.

Attendu qu'Heudières demande la réformation du Jugement le condamnant à payer 36 francs à Amours à titre de dommages-intérêts pour réparation du préjudice causé par les lapins ; ..... Attendu qu'il a été jugé que le propriétaire d'un bois est responsable des dégâts causés aux récoltes des voisins par les lapins de ce bois, lorsque loin de combattre la multiplication de ces animaux, il l'a, au contraire favorisée, en faisant depuis plusieurs années garder sévèrement sa chasse ; qu'il objecterait vainement qu'il a fait défoncer quelques terriers, si cette mesure a été tardive et insuffisante ; — etc., confirme.

N° 39. — *Justice de paix de Brionne — Jugement du* 18 *Août* 1886.

Attendu que le fait, non seulement de conserver des terriers en grand nombre dans un bois, cause de fréquentes réclamations de la part des cultivateurs voisins, bois dont la chasse est sévèrement gardée par le mandataire lui-même, dont le zèle et l'intelligence comme garde sont grandement appréciés, mais encore d'avoir établi, pour les lapins des abris permanents dans le but manifeste d'en favoriser la multiplication, et cela à 180 mètres seulement des terres ensemencées, constitue pour Heudières la plus grande imprudence, et entraine pour lui la responsabilité consacrée par d'innombrables arrêts de la Cour de cassation ;

Mais, attendu que si Heudières est en faute, Amours de son côté, a fait preuve d'imprudence et de négligence dans une partie au moins de sa culture, ce qui doit atténuer, dans une certaine mesure, la responsabilité encourue par le défendeur. En effet, imprudent il s'est montré, en semant dans la partie de ses terres la plus voisine d'un bois qu'il s'avait être très giboyeux, du trèfle rouge dont les lapins sont fort avides ; négligent, en conservant ce trèfle rouge longtemps aprés sa maturité, alors qu'il aurait dû être enlevé depuis plus d'un mois, suivant les usages de la contrée ; qu'Amours, il est vrai, allègue qu'il voulait recueillir la graine de sa récolte, mais que ce prétexte ne peut être pris au sérieux, et, le serait-il, qu'il serait loin de diminuer l'imprudence reprochée ;

Attendu toutefois que les autres pertes d'Amours étant hors de proportion avec le dommage pouvant naturellement résulter du voisinage d'un bois. il est juste qu'il en soit indemnisé pour la majeure partie ; — condamne Hendières etc...

Nota. — Ce Jugement frappé d'appel a été confirmé le 8 *Décembre* 1886, par le Tribunal de Bernay. (voir déc. n° 38).

Heudières s'est pourvu en cassation. Par son arrêt du 28 mars 1888, la cour (ch. civ.) a décidé sur le moyen qui nous intéresse :

Attendu qu'en constatant les torts imputables au propriétaire lésé, le Jugement attaqué déclare qu'ils doivent atténuer dans une certaine mesure, la responsabilité encourue par Heudières ; — qu'il en résulte que le tribunal a tenu compte, dans la fixation du chiffre des dommages-intérêts, par lui justement accordés, de l'imprudence et de la négligence qu'il relève à la charge du défendeur en cassation ; rejette.

N° 40. — *Cour de cassation. Ch. req. Arrêt du* 18 *Juillet* 1887.

Attendu que le jugement attaqué, qui a été rendu non en contrariété, mais au contraire en application de celui du 6 février 1885, par lequel l'action intentée par les défendeurs éventuels contre Déon, en sa qualité de locataire de la chasse des forêts domaniales de Launay et de Soucy, a été déclarée recevable, motive les condamnations pour dégâts causés aux récoltes qu'il prononce, sur ce que ledit Déon, dans le but de se procurer le plaisir de la chasse, a favorisé la multiplication des lapins et de la sorte occasionné le préjudice dont les riverains demandaient la réparation ; qu'en statuant ainsi le tribunal de Sens n'a violé aucune des dispositions de loi invoquées par le pourvoi ; rejette.

B. *DES FERMIERS OU RIVERAINS.*

REPROCHES. — IMPRÉVOYANCE. — NÉGLIGENCE. SERVITUDE NATURELLE.

Nous avons vu précédemment que le propriétaire était responsable des dégats commis aux champs voisins par les lapins de sa chasse, lorsqu'une faute lui était imputable ; et qu'au contraire, cette responsabilité disparaissait s'il avait fait *tout son possible* pour détruire ces animaux.

Sa responsabilité peut encore être sinon dégagée entiérement, du moins atténuée, dans une mesure plus ou moins large, suivant les circonstances, lorsque *de leur côté les riverains ont quelque négligence ou imprudence à se reprocher.*

Exemple : Le cultivateur qui n'a pas défoncé ni bouché les terriers établis dans son champ par les lapins sortis du bois voisin, commet certainement une négligence dont les juges doivent tenir compte ;

Justice de paix de Rozoy, 17 Décembre 1881

(V. décision n° 27)

Sa négligence est aussi caractérisée et la responsabilité du propriétaire est atténuée dans le fait par le voisin lésé de ne pas prêter son concours aux mesures de destruction employées par le dit propriétaire et auxqelles il a été invité à participer ; — cette inaction pouvant même suffire pour écarter la demande en dommages intérêts

Tribunal civ. de Rouen 7 Août 1866.

Dal. code de la chasse p. 883

id. Rambouillet 4 Avril 1873,

Jullemier : loc. ch. (V. décision n° 43 ter)

id. Seine 12 Avril 1878.

En effet, si le riverain n'a pas cru devoir prendre part aux chasses auxquelles il était sommé d'assister, ou encore s'il n'a pas profité de la latitude qui lui était accordée de détruire seul les lapins, il n'a qu'à s'en prendre à lui-même du résultat de son abstention.

Tribunal civ. de Corbeil 21 Avril 1883.

Dal. p. 1884. 5.430.

Il y a, en outre, *imprudence* de la part d'un riverain de cultiver dans ses terres entourées de bois et ainsi exposées aux ravages du gibier, *certaines récoltes dont il savait le lapin très avide, ou une autre production de nature à attirer le gibier.* — comme le trèfle rouge ; — et surtout en conservant ce trèfle après la maturité,

Tribunal civ. de Corbeil 30 Avril 1855.
(V. décision n° 42)

Justice de paix de Brionne 18 Août 1886.
(Voir déc. n° 39).

Cour de Cassation. Ch. civ. 28 Mars 1888.
Dal. p. 1888. 1.348 (V. décision n° 39)

car le cultivateur en agissant ainsi, doit s'attendre à souffrir dans une certaine mesure *des dégats* commis par les lapins ; et son *imprévoyance* doit être prise en considération pour la fixation de l'indemnité.

Cour de cassation Ch. req. 22 Avril 1873.
Dal. p. 1873. 1.476 (V. décision n° 43 bis)

id. Ch. req. 25 Avril 1877.
Dal. p. 1878. 1.21 (V. décision n° 44)

Nous avons vu que le riverain commettait une *négligence* en mettant en culture un champ sans préalablement avoir détruit les lapins qui s'y étaient établis ; mais, si, d'un autre côté, le propriétaire n'a pas employé tous les moyens de destruction dont il pouvait disposer, le juge peut, dans ce cas, faire supporter l'importance des dommages *par moitié*, s'il reconnait qu'il y a eu faute tant de la part du demandeur que de celle du défendeur. (Même arrêt du 25 avril 1877).

Il n'est que juste, en effet, en *cas de faute commune* de *partager le préjudice* entre les parties ; c'est là une application du principe qui veut que la réparation d'un dommage ne soit pas mise exclusivement à la charge de celui qui l'a occasionné, lorsque la partie lésée a, par elle même contribué à ce dommage.

Cour de cassation Ch. civ. 10 novembre 1884.
Dal. p. 1885 1.433. (V. décision n° 44 bis)
id. Ch. civ. 29 mars 1886.
Dal. p. 1887. 1.480 (V. décision n° 45)

Il n'en serait autrement, qu'autant que le préjudice éprouvé résulterait uniquement de la faute de la personne lésée, ou *en cas* de *dol* de la part de celle-ci. Aussi a-t-il été jugé, avec raison, qu'aucune indemnité n'était due au cultivateur qui attirait les lapins sur ses propriétés par des cultures propres à les y retenir, de manière à *tirer profit* de leurs dommages ; (1)

(1) Le tribunal civil de Senlis, le 23 Juin 1870 — a également jugé qu'aucune indemnité n'était due au cultiva-

Tribunal civ. de Corbeil 21 Mars 1883

Dal. p. 1884. 5.430.

Cette solution est, du reste, très équitable, car le dommage éventuel ne peut et de doit pas être l'objet d'une *spéculation* (2) au préjudice du propriétaire.

Tribunal civ. de Senlis 23 Juin 1870.

Sorel p. 240 (V. décision n° 43)

En résumé, si le propriétaire pour décliner toute responsabilité ne doit pas être en faute. de son coté le devoir du cultivateur est de faire ses efforts pour se garantir du fléau qui le menace.

---

teur, qui *par pure spéculation* avait planté des choux, des carrottes et haricots dans un terrain impropre à la culture maraichère.

(2) Dans certaines campagnes, le lapin est devenu une sorte de revenu annuel sur lequel on compte, et souvent, sous prétexte de se faire indemniser d'un prétendu préjudice, les cultivateurs cherchent à se faire payer deux fois plus que la valeur de leurs récoltes.

Le juge de paix doit se mettre en garde contre ces demandes exagérées, car, si le propriétaire a fait des dépenses souvent considérables dans l'intérêt de sa chasse, il ne serait pas juste que le fermier en récoltât tout le profit.

*
* *

Servitude naturelle. — *La proximité d'un bois giboyeux constitue-t-elle pour les terres qui l'avoisinent une sorte de servitude naturelle dont les inconvénients doivent être supportés dans certaines limites?*

Cette importante question qui aujourd'hui est définitivement tranchée, avait autrefois divisé la doctrine. Certains auteurs ne voulaient pas admettre l'existence de cette sorte de servitude : ils invoquaient l'art 544 du c. civ. (1) et s'appuyaient, en outre, pour motiver leur opinion sur les art. 637 et 686 du même code et le décret des 28 Septembre et 6 octobre 1791, dont l'article 2 est ainsi conçu : « Les propriétaires, sont libres de varier à leur gré la culture et l'exploitation de leurs terres, de conserver à leur gré leurs récoltes et de disposer de toutes les productions de leur propriété dans l'intérieur du royaume et au dehors sans préjudicier au droit d'autrui et en se conformant aux lois. »

(1) Art. 554 du c. civ. « La propriété est le droit de « jouir et de disposer des choses de la manière la plus « absolue pourvu qu'on n'en fasse pas un usage prohibé « par les lois et règlements. »

Mais la jurisprudence a décidé *d'une manière certaine* que les *riverains devaient souffrir dans une proportion plus ou moins grande du dommage pouvant résulter naturellement de la proximité d'un bois giboyeux ; et que c'était bien là une servitude de voisinage dont il devait être tenu compte dans la fixation des dommages intérêts.*

Tribunal civ. de Corbeil 9 Décembre 1846.
(V. décision n° 40)

id. Rambouillet 4 avril 1873
Jullemier, loc. chasse. (V. décision n° 43 ter)

Cour de cassation Ch. req. 22 Avril 1873.
Dal. p. 1873. 1.476 (V. décision n° 43 bis)

id. Ch. req. 3 Février 1880.
J. d. p. 1880. 1.443 (V. décision n° 6)

Justice de paix de Villeneuve 4 Juillet 1883.
(V. décision n° 29)

Cour de cassation Ch. req. 19 Janvier 1886.
Dal. p. 1887. 5.390. (V. décision n° 35)

Justice de paix de Dourdan 29 Août 1886.
(V. décision n° 36)

Justice de paix de Brionne 18 Août 1886
Dal, p. 1888. 1.348. (V. décision n° 39)

Tribunal civ. de Douai 25 Janvier 1888.
(V. décision n° 46)

id. Chateau-Thierry. 10 février 1888
(V. décision n° 47)

Il en est de même des *landes* et des *dunes* : les riverains de ce sol doivent aussi supporter jusqu'à un certain point et à défaut de toute faute imputable au bénéficiaire du droit de chasse, les conséquences du voisinage des lapins, comme *une sorte de servitude inhérente à la situation des lieux*.

Justice de paix de Dunkerque 11 novembre 1885.

(V. décision nº 12)

DÉCISIONS.

Nº 41. — *Tribunal civil de Corbeil.* — *Jugement du* 9 *Décembre* 1846.

Le Tribunal :

Attendu que tout propriétaire qui, pour se conserver les plaisirs de la chasse, fait veiller dans ses bois à la garde du gibier, et s'oppose à ce que les cultivateurs des terres avoisinantes aillent poursuivre les lapins lorsque ces animaux se multiplient au point de nuire aux fruits et récoltes, devient responsable par ce fait des dommages qu'ils commettent ;

Attendu que des visites successives des experts nommés par le tribunal et de leur rapport, il résulte que des dommages ont été causés par les lapins provenant du bois de M. Clary ;

Que M. Clary n'a pas fait tout ce qui dépendait de lui pour les détruire, puisqu'il a négligé d'extirper les herbes et broussailles couvrant le sol et où ces lapins trouvent un abri ;

Attendu que, quelques moyens actifs que l'on emploie pour empêcher les lapins de se propager, il faut reconnaître, il est vrai, qu'il n'est pas possible de parvenir à les faire disparaître totalement des bois et forêts, et que les propriétaires et exploitants des terres contiguës doivent toujours s'attendre à souffrir plus ou moins de l'excursion de ces animaux ;

Que c'est là une servitude de situation dont il convient de tenir compte, et que les experts ont en effet prise en considération dans leurs évaluations faites sous la surveillance du juge de paix, etc,

---

N° 42. — *Tribunal civ. de Corbeil. Jugement du* 30 *Août* 1855.

Le Tribunal :

Attendu qu'à la liste civile seule incombe, aux termes des articles 1382 et suivants du Code Nap., la responsabilité du dommage causé par le gibier de la forêt et du parc ;

Mais, attendu qu'il y a lieu d'imputer une partie du dommage à l'imprévoyance de Bonfils, qui n'a pas craint de cultiver dans des terres presque entièrement entourées par la forêt et le parc, et partant exposées aux ravages du gibier, une nature de récolte dont il savait le gibier très-avide ;

Qu'il doit être tenu compte de cette imprévoyance dans la fixation de l'indemnité ;

Réduit à 4,240 fr. 33 c. l'indemnité due à Bonfils pour le dommage causé à sa récolte, etc., etc.

N° 43. — *Tribunal civil de Senlis. Jugement du* 23 *Juin* 1870.

... En ce qui touche la demande en indemnité relative aux choux, carottes et haricots détruits par le gibier :

Attendu qu'il résulte des documents de la cause que, dans les terres louées par Tardif, la culture maraîchère ne peut convenir en raison de la nature du sol ;

Que, du reste, le prix de la location (24 francs l'hectare) l'indique suffisamment ;

Que, si des choux, carrottes et haricots ont été par lui plantés, ce n'était pas pour obtenir une récolte, mais seulement dans un but de spéculation fréquent dans le voisinage des bois pour attirer le gibier de la forêt et obtenir ainsi des indemnités de beaucoup supérieures au produit normal de la terre ;

Qu'il n'est donc rien dû de ce chef :

Déclare Tardif mal fondé, etc.,

N° 43 bis. — *Cour de cassation Ch. req.* — *Arrêt du* 22 *avril* 1873.

Attendu que l'art. 5 de la loi du 25 mai 1838 attribue compétence aux juges de paix pour connaître en premier ressort, à quelque somme que la demande puisse monter, des dommages faits aux champs, fruits et récoltes ; —

Attendu que dans la généralité de ces termes, la loi comprend, sinon les dommages faits au sol lui-même, du moins ceux causés à tous les produits du sol, quels qu'en soient l'espèce et le mode de culture ; — Qu'il n'y a pas lieu de distinguer entre les diverses natures de fruits, alors que la loi n'a pas fait elle-même aucune distinction, et que par leurs motifs, ses dispositions semblent devoir s'appliquer à toute espèce de produits ; — Que les pépinières rentrent dès lors et à ce titre, sous l'application du dit article, et qu'il appartenait au juge de paix en Ier ressort et au tribunal civil en appel, de statuer sur la demande en dommages-intérêts formée par Cordier ;

Sur le 2me moyen ; — Attendu qu'après avoir reconnu

d'après les résultats des enquêtes et les constatations personnelles du Juge de paix, qu'il existait dans les bois de la demanderesse une grande quantité de terriers fréquentés ainsi que des fourrés, grandes herbes, joncs marins et bruyères servant de refuge aux lapins, et que les dégâts dont se plaint Cordier ont été causés par ces animaux, le tribunal déclare que cet état de lieux, joint à cette circonstance que la chasse de ces bois est soigneusement gardée, a permis aux lapins de s'y multiplier au point de devenir nuisibles ; — que le tribunal ajoute avec raison que, si le décret invoqué du gouvernement de la défense nationale (17 septembre 1870) prohibait l'usage du fusil pour la destruction des lapins, il n'interdisait aucun des autres moyens ordinairement employés tels que furetage et défoncement de terriers ; — Attendu que le tribunal constate d'une part, que la baronne de Montigny, informée par Cordier des dégâts causés par les lapins de ce bois, n'avait employé aucun de ces moyens depuis le mois de Juin 1870 jusqu'à la fin de Janvier 1871, et que, antérieurement même au mois de Juin de 1870 et à une époque où elle y était autorisée, elle n'avait pas pris les mesures nécessaires pour la destruction des lapins de ses bois ; — Et, d'autre part, que l'invasion de l'armée allemande ne l'aurait empêché d'agir que pendant quelques jours postérieurement au 22 janvier 1871, et à une époque, d'ailleurs, où ses efforts auraient été tardifs ; — Attendu qu'en présence de ces faits par lui souverainement appréciés, le tribunal était fondé à décider que les dommages causés aux pépinières de Cordier étaient le résultat de la négligence de la baronne de Montigny et qu'elle en était responsable dans la mesure qu'il a déterminée ; — Attendu qu'en tenant compte des éventualités auxquelles Cordier s'était exposé en établissant ses pépinières à proximité des bois, le tribunal déclare devoir prendre cette situation en considération pour fixer le chiffre des dommages-intérêts qu'il a, en effet, réduits dans une forte proportion ;

Sur la violation de l'art. 7 de la loi du 20 avril 1810 ; — Attendu que si, à l'audience du Juge de paix du 21 mars 1871, la baronne de Montigny a demandé par ces conclusions acte de son consentement à laisser Cordier et ses préposés chasser dans ses bois, sous certaines conditions pour la destruction des lapins, ces conclusions, dès lors tardives, n'ont été reproduites ni devant le juge de paix, lorsque après les enquêtes, il y a été appelé à statuer sur le fond du litige, ni devant le tribunal qui n'avait pas, dès lors, à s'expliquer sur un moyen qui n'avait pas été proposé ;

Attendu que pour déterminer les dommages intérêts à la charge de la baronne de Montigny, le tribunal ne se fonde pas sur le rapport des experts, dont il n'adopte pas les appréciations, mais sur les documents de la cause et les renseignements fournis par les parties ; — que, d'un autre coté, il a suffisamment motivé le rejet de la demande en nouvelle expertise en déclarant posséder les éléments nécessaires pour réduire le chiffre exagéré des dommages intérêt alloués par le 1er juge ; — rejette.

N° 43 ter. — *Tribunal civ. de Rambouillet Jugement du* **4** *Avril* 1873.

... Attendu qu'il faudrait prouver qu'Evrard a repeuplé lui-même et multiplié ou laisser multiplier abusivement le gibier ; — que la jurisprudence de la cour de cassation a déjà plusieurs fois fait justice de ces arguments employés depuis longtemps et qui consistent à dire que le seul fait du dégat prouve le dommage, et par suite entraine la responsabilité ; — qu'il est constant que les terres qui avoisinent et bordent les forêts se vèndent ou se louent moins cher en raison même de leur situation, qu'il n'y a donc pas lieu de considérer ces faits comme entraînant d'eux-mêmes la responsabilité civile ; — que les bois contiennent du gibier qui se répartit selon leur grandeur et leur étendue, et qui est considéré par les auteurs et la jurisprudence comme gibier *naturel* ; — qu'on ne peut tirer argument de ce que le propriétaire des bois loue sa chasse, on fait garder sa chasse, pour lui imposer en tout état de cause des dommages-intérêts, par cela seul qu'il possède des bois ou se réfugie le gibier de la plaine, même mû par son instinct naturel ; — Attendu que, lorsque le gibier ne dépasse pas la quantité que les bois doivent contenir d'une manière normale, les riverains ne peuvent se prévaloir de cet état de choses pour en arriver à une spéculation ; — que les intimés ont été mis en demeure par des placards et affiches, publiés dans les communes limitrophes, d'assister aux battues et destructions qui ont été faites ; que s'ils ne se sont pas présentés, c'est qu'ils ne l'ont pas voulu ; qu'il n'a été détruit dans ces battues qu'une quantité peu considérable de lapins ; ce qui prouve d'ailleurs leur petit nombre ; — qu'il est attesté par l'inspecteur des forêts de Rambouillet qu'il y avait si peu de lapins dans les bois d'Evrard, qu'il n'avait pas cru devoir en ordonner la destruction ; — que les expertises ont été faites d'une manière légère ; que les experts n'ont pas rempli leur mission ; qu'il ne suffisait pas de dire qu'ils avaient remarqué des fréquentations de lapins ; qu'ils devaient s'assurer d'où provenaient ces lapins, où ils avaient leurs terriers s'ils étaient nombreux et si les bois qui le renfermaient étaient eux-mêmes abimés par la dent de ces rongeurs ; qu'ils n'ont rien constaté à cet égard qui pût donner naissance à la responsabilité civile ; — Attendu que les intimés ont fait des demandes singulièrement élevées, puisque d'après les experts, favorables à leurs prétentions, il ne leur a été alloué que 676 fr. au lieu de 4,500 qu'ils demandaient ; — que le dommage ne dépasse pas celui que doivent souffrir les terrains limitrophes des bois et forêts, ou égard à une étendue de 744 hectares ; — par ces motifs décharge Evrard des condamnations prononcées contre lui, et condamne les intimés aux dépens.

N° 44. — *Cour de cassation Ch. req. arrêt du* 25 *Avril* 1877.

Attendu qu'il résulte du jugement attaqué et des motifs implicitement admis par ce jugement qu'il y a eu une négligence de la part des demandeurs en cassation, en ce qu'ils n'ont pas fait procéder avec assez de soin au furetage, c'est à dire à la destruction des lapins dans les cavités où ils se retirent ; — qu'une négligence de même nature a été reconnue exister de la part du défendeur éventuel ; — que dans ces circonstances, les dommages intérêts ayant été fixés à 2220 f. par une expertise régulière,les juges d'appel ont pu, sans contrevenir à aucun principe, diviser cette somme et la mettre par moitié à la charge des sieurs de Prémont et de France, et en laisser l'autre moitié à la charge du sieur Gatoux ; — D'où il suit que les art. 1382 et 1383 du c. civ. n'ont pas été violés ; — rejette.

N° 44 bis. — *Cour de cassation Ch. civ. arrêt du* 10 *Novembre* 1884.

Attendu que les art. 1382 et 1383 du c. civ, ne limitent point la responsabilité qu'ils prononcent contre celui par la faute duquel un accident est arrivé au seul cas où cette faute a été la cause unique et immédiate de l'accident dommageable ; — que si la personne lésée a elle-même commis une imprudence, cette circonstance peut sans doute autoriser les tribunaux à réduire le chiffre des dommages intérêts, mais ne saurait leur permettre d'affranchir de toute responsabilité celui dont la faute a contribué, dans une certaine mesure, à déterminer l'accident ou à en aggraver les conséquences ; — Casse etc

---

N° 45. — *Cour de cassation Ch civ. Arrêt du* 29 *Mars* 1886.

Attendu que si tout fait dommageable oblige celui par la faute duquel il est arrivé à le réparer, le préjudice qui en résulte ne saurait être mis entièrement à sa charge lorsque la partie lésée a par elle même ou par son représentant contribué au dommage dont elle se plaint....... ; — Casse.

N° 46. — *Tribunal civ. de Douai. Jugement du* 25 *Janvier* 1888.

Attendu qu'il résulte des enquête et contre enquête auxquelles il a été procédé, que les récoltes poussant sur les terres cultivées par la veuve Deuel près du bois de la veuve de la Falecque ont été endommagées par des lapins séjournant dans les bois de cette dernière ; que ce dommage a été particulièrement considérable sur 3 parties de terre avéties en blé, dont 2 ont eu leur récolte complètement détruite, et que la moitié de la récolte sur la 3me partie a été détruite par la même cause ; que d'autres parties de terre ont été également endommagées dans des proportions moindres mais très appréciables ;

Que le dommage constaté est évidemment hors de proportion avec celui qui peut résulter naturellement du voisinage du bois en question ; qu'il résulte aussi des témoignages reçus, que la veuve de la Falecque n'a pris que des mesures absolument insuffisantes pour empêcher la reproduction excessive du lapin ;

Attendu que les témoignages reçus et les autres éléments de la cause permettent d'évaluer l'importance du préjudice à la somme de 827,50 fr. ; par ces motifs le tribunal condamne etc.

N° 47. — *Tribunal civ. de Chateau-Thierry. Jugement du* 10 *Février* 1888.

... Attendu que la somme de 98f. allouée par les experts ne parait pas dépasser l'importance des dommages de la servitude légale, qui ne peut être ignorée de celui qui loue ou achète des terres dans le voisinage des forêts ; — Attendu, en outre, que l'intimé ne justifie pas que les battues nécessaires à la destruction des lapins n'ont pas été faites ; — qu'il apparait au contraire que Villeneuve a invité, et même fait sommation à Petit de venir détruire les lapins avec lui ou son garde, dans la forêt dont il a loué la chasse, et d'assister à certaines battues ; — qu'aucune négligence ne peut donc être imputée à l'appelant; — Attendu au surplus, qu'une bande de bois d'environ 200 mètres de long sur 15 de large, appartenant à Petit, borde la pièce où des dégats ont été constatés et la sépare de la chasse ; que cette bordure de bois, où l'appelant ne peut chasser parait être un refuge sûr et tranquille, ménagé aux lapins, qui de là se répandent sur les terres avoisinantes pour y causer les dommages qu'en général on attend d'eux, afin d'en pouvoir réclamer la réparation exagérée :

Par ces motifs, infirme le jugement du 1er septembre 1887, décharge l'appelant des condamnations prononcées contre lui, déboute Petit etc.....

§ 2me. EXISTENCE DU DOMMAGE — PREUVE.

Existence du dommage. — Il faut nécessairement la constatation d'un dommage pour donner ouverture à une action en responsabilité; mais ce dommage doit-il être *considérable,* ainsi que parait l'exiger M. Sorel qui se fonde pour motiver cette prétention sur cette considération « que le voisinage d'une forêt giboyeuse « constitue pour le cultivateur une sorte de « servitude dont les inconvénients doivent être « supportés dans certaines limites » ?

MM. Giraudeau et autres ne partagent pas ce sentiment; ils pensent, au contraire, que si un dommage *quelconque* est causé à la propriété d'autrui, l'action peut être intentée

Suivant un autre avis, le riverain aurait à justifier d'un dommage *réel* ou plutot *manifestement appréciable* ; c'est dans ce sens qu'ont été rendus deux jugements, l'un de Rouen en date du 10 mars 1858 (Dal. p. 1858. 3.74) et l'autre d'Amiens du 16 novembre de la même année. (Sorel. — *V. déc. n° 47*)

Mais on admet généralement aujourd'hui, — comme M. Sorel. — que le dommage doit être *considérable*.

A l'appui de cette dernière opinion, nous citerons un arrêt de la Cour de cassation. Ch. req. du 23 février. (Dal. p. 1880. 1.304. — *V. déc. n° 6*), aux termes duquel un propriétaire avait été déclaré non responsable pour ce motif « que les dégats constatés sur les terres de son voisin ont été *insignifiants* et n'ont pas dépassé les limites de ceux qu'entraine *forcément* le voisinage de la forêt. »

Et un autre arrêt plus récent encore (6 Janvier 1886) qui a condamné le propriétaire, mais en s'appuyant notamment sur cette circonstance « que le dommage était hors de proportion avec celui qui pouvait résulter naturellement du voisinage des bois. »

*
* *

Preuve. — Ainsi que nous l'avons fait remarquer dans le chapitre précédent, le propriétaire n'ayant ni la propriété, ni la possession, ni la garde du gibier qui se rassemble dans son bois, n'est pas de plein droit responsable des dégats commis aux champs par les lapins de ce bois ; — Sa responsabilité ne peut être engagée que par un *quasi délit*, c'est-à-dire par la constatation d'une faute, imprudence ou négligence.

Tous les modes de preuve étant admis pour établir le *quasi délit*, le fait de la reconnaissance par le propriétaire, du principe de cette responsabilité ou même de *simples présomptions* peuvent donc suffire en pareille matière (1).

Cour de cassation Ch. req. 15 Novembre 1887.

G. P. 24 Novembre 1887. — (V. décision n° 49)

... Et c'est le *demandeur* qui est tenu d'en rapporter la preuve

Cour de cassation Ch. civ. 11 Août 1874.

(Dal. p. 1876. 1.30)

Tribunal civ. de Mantes 6 Juin 1885.

(V. décision n° 33)

---

(1) Cependant un arrêt de la cour de cass. du 26 juillet 1887 (*V. décis. n° 54*) a décidé que « le juge du fond ne peut fonder sa décision que sur des moyens de preuve autorisés par la loi, *qui ont été produits dans l'instance même dont il est saisi.* » — Cette décision est en contradiction avec la jurisprudence suivie jusqu'à ce jour.

Il ne suffirait donc pas uniquement de démontrer par l'importance du préjudice, l'insuffisance des moyens employés, et de déduire de là la responsabilité du propriétaire ; *la preuve* de la faute ou de la négligence doit *nécessairement* être établie par le réclamant,

Cour de cassation Ch. civ. 21 Août 1871.
J. du p. 1871. 241 (V. décision n° 2)
id. Ch. civ. 5 Août 1879.
J. du p. 1879. 1.201 (V. décision n° 5)

car le dommage quelque important qu'il soit ne prouve pas à lui seul la faute ou la négligence dudit propriétaire, et ne constitue pas une raison de responsabilité.

Tribunal civ. de Rambouillet 4 Avril 1873.
Jullemier : loc. chasse. (V. déc, n° 43 ter)
id. Corbeil, du 21 Mars 1883.
Dal. p. 1884. 5.430

Il est donc évident que celui là ne peut être reconnu responsable « contre qui la preuve ne peut-être faite que les lapins de son bois sont bien ceux qui ont occasionné les dommages constatés aux champs du voisin »,

Tribunal civ de Rambouillet 4 Avril 1873
Jullemier loc. chasse. (V. déc. n° 43 ter)

Ni celui qui prouve que les lapins n'ont pas de terriers dans sa forêt, et que ses animaux n'ont fait que la traverser *(Solution du juge de paix de Melun du 2 Août 1884, conforme à la jurisprudence)* ;

Mais, quand bien même les faits ci-dessut seraient prouvés, ce qui principalement doit être clairement démontré pour justifier la réclamation, c'est, nous le répétons, la *preuve de la faute ;* aussi *manquerait de motifs* le jugement d'un juge de paix qui déclarerait responsable le propriétaire ou locataire d'une chasse, sans énumérer les *faits de négligence ou d'imprudence* sur lesquels il se fonde pour établir sa responsabilité. (Trib. civ. de Corbeil, 31 Juillet 1884) ;

Et, conséquemment, c'est avec raison, que deux arrêts de la cour de cassation rendus en chambre civile les 18 juin 1878. (Dal. p. 1879. 1.39. *V. déc. n° 4)* et 5 août 1879 (G. p. 1879. 1.201. *V. déc. n° 5)*, ont prononcé la *nullité* du jugement qui admettait la responsabilité d'un propriétaire de chasse sans constater une faute qui lui était imputable

---

DÉCISIONS.

N° 48. — *Tribunal civil d'Amiens. Jugement du* 16 *novembre* 1858.

Attendu qu'il résulte, tant des faits judiciairement

constatés et antérieurs au procès actuel, que de trois expertises auxquelles il a été procédé en 1856, que Milleret avait fait tous ses efforts et pris toutes les mesures possibles pour détruire les lapins de son parc ;

Que de plus, et après la citation du 31 décembre 1855, la première et la deuxième expertise ont constaté qu'aucun dommage appréciable n'était causé aux récoltes de Fourrier ;

Que, si à la troisième expertise, au mois de juillet, on a pu constater quelque dommage, il était d'une si minime importance que les experts ont estimé qu'il valait au plus cinquante centimes, et que, d'ailleurs, il n'est nullement établi pour le Tribunal qu'il puisse être attribué aux quelques lapins restés dans le parc de Milleret ;

Qu'en de telles conditions, aucune action en responsabilité ne peut retomber sur ledit Milleret.....

Par ces motifs, reçoit Milleret appelant du jugement rendu par le juge de paix de Nesles le 23 août 1856, met le jugement dont est appel au néant ;

Décharge Milleret des condamnations contre lui prononcées, etc., etc.

N° 49. — *Cour de cassation, ch. des req., arrêt du* 15 *novembre* 1887.

Attendu que, si les juges ne doivent former leur conviction que sur des éléments de preuve admis par la loi, ils peuvent la former sur l'aveu comme sur de simples présomptions, quand il s'agit de savoir si un quasi-délit a été commis ;

Attendu que, pour déclarer dans l'espèce l'existence d'un préjudice causé aux récoltes des défendeurs éventuels par la faute d'Akermann, le Tribunal s'est fondé sur la reconnaissance même de ce dernier, qui n'a pas contesté le principe de sa responsabilité au début de l'instance, que sur des documents officiels établissant que le rendement normal des terres où se sont produits les ravages des lapins dont une expertise est chargée de vérifier l'importance, a été diminué dans une proportion effrayante et est descendu d'une moyenne de 15 hectolitres de blé par hectare à celle de 3 hectolitres seulement ; que rien n'indique que ces documents n'aient pas fait l'objet d'un débat contradictoire et qu'ils n'aient pas pu être contrôlés et discutés par Akermann ;

D'où il suit que ni les articles précités, ni les principes en matière de preuve, ni les droits de la défense, n'ont été violés ;

Sur le deuxième moyen, pris de la violation des art. 302, 303, 304 et suiv, C. pr. civ., et de la fausse application de l'art. 322 du même Code :

Attendu que les art. 302 et suiv. C. pr. civ., ne régissent que l'expertise formellement demandée par les parties ou impérativement prescrite par la loi ; qu'ils ne s'appliquent pas à l'expertise ordonnée d'office et purement facultative ;

Attendu, d'un autre côté, que lorsqu'une expertise est annulée pour vice de forme, aussi bien que losqu'elle est reconnue insuffisante, il appartient aux juges d'ordonner d'office une nouvelle expertise et de nommer d'office un ou plusieurs experts, lesquels peuvent demander aux précédents experts les renseignements qu'ils trouvent convenables ;

Attendu que, dans l'espèce, l'expertise n'était ni réclamée par les parties, ni prescrite par la loi, et que les juges d'appel l'ont condamnée après avoir annulé pour vice de forme celles qui avaient eu lieu précédemment ; qu'en désignant par suite trois experts pour procéder et en les autorisant à entendre tous témoins utiles, à s'entourer de tous renseignements qu'ils jugeront nécessaires et notamment à les puiser dans la précédente expertise qu'ils pourront consulter à titre d'indication seulement, loin de violer les articles susvisés, il en a été fait une juste application ;

Par ces motifs, rejette.

CHAPITRE IV.

Compétence.

Les juges de paix, aux termes de l'article 5 de la loi du 25 Mai 1838, *connaissent sans appel jusqu'à la valeur de 100 francs et à charge d'appel, à quelque valeur que la demande puisse s'élever, des actions pour dommages faits aux champs, fruits et récoltes soit par l'homme, soit par les animaux.*

La compétence du juge de paix relativement à ces dommages s'étend à ceux causés à tous les produits du sol, quels qu'en soient l'espèce (1) et la mode de culture, et spécialement aux pépinières.

Cour de cassation Ch. req. 22 Avril 1873.
Dal. p 1873. 1.476 (V. décision nº 43 bis)

---

(1) Une meule de paille située dans un champ est considérée comme une récolte (Poitiers 5 Juillet 1858).

En matière de dégats commis aux champs par les lapins, (nous insistons sur ce point à cause de son importance,) *le juge de paix est seul compétent*,

Tribunal civ. de Seine 7 Avril 1886

(V. décision n° 51)

c'est lui *seul* qui, en cas d'urgence, est appelé à connaître des difficultés relatives aux dommages causés aux champs et aux récoltes par ces animaux ; et le *Président du tribunal civil serait incompétent* pour ordonner en référé une expertise à l'effet de constater ces dégats.

Cour d'appel de Paris, 15 mars 1875

Cour de cassation Ch. civ. 26 Juillet 1887.

(V. décision n° 53)

L'article 3 du code de procédure civile attribue la connaissance de ces actions au Juge de paix de la situation de l'objet litigieux.

L'objet litigieux est le fonds sur lequel le dommage a été commis, et non celui qui est la cause du dommage ; et c'est toujours au Juge de paix de la situation de l'objet qui a souffert, que sera soumis le différend alors même que l'auteur du dommage alléguerait que le litige existe non sur le litige lui même, mais seulement sur sa cause (Cour de cass. ch. civ. arrêt du 7 Juin 1886) ;

Si, d'un autre côté, la propriété dont dépend le terrain endommagé est située dans plusieurs cantons, le Juge compétent est celui du chef-lieu de l'exploitation, ou à son défaut celui où la partie des biens est la plus importante. (Cour de cass. 25 Janvier 1873).

*
* *

Mais l'article 5 de la loi du 25 Mai 1838 contient aussi la disposition suivante : « *le* « *Juge de paix n'est compétent que lorsque les* « *droits de propriété ou de servitude ne sont pas contestés.* »

Ce n'est donc qu'à cette condition, *sine quâ non*, que le Juge de paix reste compétent en cette matière ; et si, au cours des débats, une question de propriété ou de servitude est soulevée il doit, en ce cas renvoyer *nécessairement* les parties devant le tribunal compétent pour statuer sur l'exception (1).

---

(1) La question de savoir si le juge de paix doit se déclarer incompétent ou simplement prononcer un sursis dans le cas où l'exception de propriété ou de servitude est appuyée d'un titre dont la validité et l'interprétation n'appartiennent pas au juge de paix, a été vivement controversée par les auteurs les plus autorisés ; « *Il doit*

Si, par exemple, dans un procès le défendeur venait soutenir que le terrain sur lequel un dommage a été constaté, était sa propriété et qu'il n'a fait en commettant des dégats sur ce terrain qu'exercer un droit de servitude qui lui appartenait, le Juge de paix dans ces circonstances ne serait plus compétent ; (Cour de cass. ch. civ. 5 juin 1872) (1),

Et il ne le serait pas davantage, dans le cas où le dommage dont la réparation est demandée, consisterait dans la « diminution de valeur »,

---

se dessaisir » prétendent MM. Curasson et Carré. — « *Il doit surseoir* » soutiennent MM. Caron et autres.

Un arrêt de la Cour de cassation (Ch. civ. 25 Août 1868) a décidé que dans le concours de deux juridictions pour statuer sur les divers chefs ou éléments d'une même action, la compétence appartenait à celle qui a le droit de connaître des deux chefs à la fois.

(1) De même, il y a violation des articles 5 § 1 et 6 § 2 de la loi du 25 mai 1838, ainsi que des règles en matière de compétence « ratione materiæ », de la part du Tribunal qui admet sa compétence pour statuer comme Juge d'appel sur une action pour dommages aux champs, bien que le droit de propriété sur la parcelle du terrain endommagé ait été, dès le début de l'instance, formellement contesté et que, d'ailleurs, les titres mêmes dont les parties se prévalaient respectivement pour établir leur propriété, aient été également contestés. (Cour de cass. ch. req. arrêt du 27 février 1889. Gaz. trib. du 5 mars 1889).

dans la « dépréciation » subie par le fonds lui-même. (Cour de cass, ch. req. arrêts des 25 mai 1887 et 8 août 1888. V. mon. Juges de paix 1887 et 1888.)

Mais, il ne suffit pas que le défendeur allégue simplement un droit de propriété ou de servitude ; *cette exception*, pour être prise en considération par le Juge doit-être *sérieuse*, et celui qui la souleverait devrait fournir à l'appui quelque preuve ou du moins quelque présomption, comme la production d'un titre apparent ou des faits de possession non équivoque (Cour de cass. ch. civ. arrêt du 13 novembre 1868).

Ainsi, si le défendeur se borne à alléguer vaguement qu'il est propriétaire du terrain sur lequel des dégats ont été commis, sans justifier de cette propriété, le juge de paix, bien entendu, doit passer outre et rejeter cette exception (Cour de cassation Ch. req. 26 Mai 1840).

Le fond du droit ne se trouve pas non plus *sérieusement* contesté par la prétention du défendeur d'exciper de la clause de non garantie contenue au bail consenti au demandeur par son vendeur du bien affermé à ce dernier.

Cour de cassation Ch. req. 12 Mai 1886
(V. décision n° 52)

D'un autre côté, le Juge de paix n'étant compétent que lorsqu'il est appelé à apprécier un dommage commis aux champs résultant d'une faute ou d'un quasi délit, il s'en suit qu'il ne l'est plus, s'il y a lieu par lui *d'interprêter un acte authentique* ou autre, et les *droits qui en résultent.* (Cour de cass. ch. req. 17 Décembre 1861 et ch. civ. 18 Août 1880), car alors, il ne s'agit plus d'un fait à apprécier, mais d'un droit à déterminer.

Il ne peut donc connaître de la demande intentée contre un locataire d'un droit de chasse par le propriétaire, à l'effet d'obtenir l'exécution d'une convention ; comme l'engagement contracté, dans l'acte de bail, par le preneur de payer tous les dégats qui pourraient être causés par le gibier aux récoltes du bailleur, Cour de Cassation. Ch. civ. 21 Janvier 1879.
(Dal. p. 1879. 1.84)
ni dans le cas où le fermier d'un domaine réclamerait contre le bailleur qui s'est réservé la chasse des terres affermées la réparation du dommage causé à ses récoltes par le gibier, alors surtout qu'une clause du bail dispose que ce dommage sera réglé à dire d'experts.

Cour de cassation Ch. req. 11 Mars 1868.
Dal. p. 1868. 1.332 (V. décision n° 50)

Et il ne doit pas non plus statuer sur le recours en garantie formé par le propriétaire du bois contre son fermier en vertu d'une clause du bail qui rend celui-ci responsable des dommages causé par les lapins, alors qu'il s'agit d'une somme excédent le taux de la compétence du juge de paix en matière personnelle et mobilière. (Cass. ch. civ. 28 Juin 1870. Dal. p. 1870. 1.311).

Mais le juge de paix peut apprécier les clauses d'un bail relatives aux dommages aux champs, si cette appréciation n'engage pas une question de propriété, et il n'est incompétent que si le droit a l'indemnité est sérieusement contesté. (Cass. civ. 13 Février 1865 et Beauvais 27 Août 1883).

DÉCISIONS

N° 50. — *Cour de cassation. Ch. req. Arrêt du* 11 *mars* 1868.

Attendu que si, aux termes de l'art. 5 n° 1 de la loi du 25 mai 1838, les juges de paix connaissent sans appel jusqu'à la valeur de 100 francs, et à charge d'appel, à quelque valeur que la demande puisse s'élever, des actions pour dommages faits aux champs, fruits et récoltes, soit par l'homme, soit par les animaux, cette attribution de juridiction, indépendante de la qualité des personnes, n'est relative qu'au dommage résultant d'une faute ou d'un quasi délit ; — mais que la disposition cesserait d'être applicable s'il s'agissait d'un préjudice reconnaissant pour cause l'inexécution d'une obligation ou de la réparation d'un dommage prévu dans une stipulation contractuelle ; — Attendu que, dans l'espèce, la demande du sieur Yvoré, fermier du domaine appartenant au marquis de Beaumont avait pour objet la réparation d'un préjudice prévu par le bail et dont le bailleur avait à l'avance accepté la responsabilité, en stipulant un mode spécial de procédure pour la constatation et l'appréciation du dommage ; — Que, conformément à cette convention, le sieur Yvoré a fait constater et évaluer le dommage causé à ses récoltes par le gibier du parc, sur lequel le marquis de Beaumont s'était réservé le droit exclusif de chasse ; que le préjudice éprouvé a été évalué à 7611 francs ; que c'est donc à bon droit que, pour obtenir le paiement de cette somme, le sieur Yvoré a fait assigner le marquis de Beaumont devant le tribunal de première instance de son domicile, suivant les règles du droit commun ; — rejette.

N° 51 — *Tribunal civ. de la Seine, jugement du* 7 *avril* 1886.

Le Tribunal ; — Attendu que l'opposition à l'exécution d'un jugement rendu par défaut contre Périllier le 20 mai 1885, est régulière en la forme ; Au fond : — Attendu que Périllier a été condamné par ledit jugement à payer à Thibault une somme de 230 fr 35 en raison des dégâts causés aux récoltes de Thibault par les lapins provenant des bois dont la chasse est louée à Périllier ; — Attendu que Périllier oppose l'incompétence du Tribunal civil fondée sur ce qu'aux termes de l'article 5, § 1, de la loi du 25 mai 1838, le juge de paix est seul compétent pour connaître de la demande ; — Attendu que s'agissant d'une incompétence ratione materiæ, le moyen présenté est recevable en tout état de cause ; — Attendu que s'il est vrai que les parties en cause ont à la date du 15 février 1884, nommé Colleau et Hourseau experts, amiables compositeurs et juges souverains, en dernier ressort, sans appel et sans recours en cassation, pour apprécier et fixer le chiffre des indemnités que Périllier pourrait devoir à Thibault pour les dégâts causés aux récoltes de ce dernier par les lapins provenant des bois dont la chasse est louée à Périllier, déclarant se soumettre d'avance à la décision arbitrale des experts susnommés, et s'il est encore vrai que, le 17 Juillet suivant, les dits experts ont estimé le dommage causé aux récoltes de Thibault à 230 fr. 35, à la charge de Périllier dans un procês-verbal d'expertise dressé à cet effet, l'expertise dont s'agit n'a pas le carrctère d'une décision arbitrale revêtue des formalités prescrites par la loi, et, à ce titre, pouvant être opposé à Périllier ; que le compromis n'a pas été inscrit d'après ses termes ; — Qu'il ne peut donc être considéré comme ayant opéré novation de la créance résultant d'un dommage aux récoltes de Thibault ; — Que les opérations des experts peuvent être un élément d'appréciation pour le juge compétent ; mais que la créance de Thibault reste la même ayant pour cause la réparation du dit dommage, réparation qui, aux termes de l'article 5, § 1, de la loi de 1838, donne lieu à une action qui doit être portée devant le juge de paix du lieu du dommage, et qu'ainsi le Tribunal est incompétent ; — Par ces motifs, — Reçoit Périllier opposant au jugement rendu par défaut contre lui, le 20 avril 1885 ; — Se déclare incompétent pour statuer sur la demande ; — Renvoie la cause et les parties devant le juge qui doit en connaître ; décharge, en conséquence, Périllier des condamnations prononcées contre lui par le jugement susnommé condamne Thibault aux dépens.

N° 52. — *Cour de cassation Ch. req. Arrêt du* 12 *mai* 1886.

La Cour : — Sur les deux moyens de cassation tirés de la violation des articles 1122, 1134 et 1382 du Code civil et de l'article 4, § 1, de la loi du 25 mai 1838 : — Attendu qu'il résulte du jugement attaqué que le demandeur en cassation était actionné en qualité de propriétaire des bois ou adjudicataire des chasses de la Gardinière et autres forêts ; qu'à ce titre il ne pouvait en aucune façon se prévaloir des clauses du bail intervenu entre Norget et Jubault ; que, dans ces circonstances, le fond du droit n'était pas sérieusement contesté et que c'est avec juste raison que les juges du fond n'ont pas relevé le moyen d'incompétence invoqué pour la première fois devant la Cour de cassation ; — Attendu, d'autre part, qu'en interprétant comme il l'a fait le bail litigieux, le jugement attaqué n'a pu violer aucun des principes de droit ; — Rejette. »

N° 53. — *Cour de cassation Ch. civ. Arrèt du* 26 *Juillet* 1887.

Attendu que, pour statuer sur l'action formée par Delétang-Moreau, tendant à faire condamner Johnston au payement de dommages-intérêts pour réparation de dégâts commis par des lapins conservés par ledit Johnston dans ses bois, limitrophes des terres de Delétang-Moreau le juge de paix du canton de Bléré s'est fondé uniquement sur les constatations et évaluations d'une enquête et d'une expertise prescrites par une ordonnance rendue en référé, le 9 avril 1885, par le président du Tribunal civil de Tours ;

Attendu, en droit, que le juge, incompétent pour statuer sur le fond d'une action, ne peut connaître, en référé, des mesures, même urgentes, relatives à cette action ; que, d'un autre côté, le juge du fond ne peut former sa conviction et fonder sa décision que sur des moyens de preuve autorisés par la loi, qui ont été produits dans l'instance même dont il est saisi ; qu'aux termes de l'art. 5, § 1 de la loi du 25 mai 1838, le juge de paix est seul compétent pour connaître des actions pour dommages faits aux champs, fruits et récoltes, et que les art. 41 et 42 C. pr. civ. attribuent à ce magistrat les pouvoirs nécessaires à l'effet d'ordonner les mesures qu'il estime utiles à l'instruction préalable de la cause ;

Attendu, dès lors, que sans qu'il appartînt au juge de paix de Bléré, devant lequel une action de ce genre avait été portée, de rechercher si l'ordonnance de référé du 9 avril 1885 avait été ou non compétemment rendue, il ne pouvait pas, alors qu'elle émanait d'une autre juridiction, considérer l'enquête et l'expertise qui s'en étaient suivies comme constituant un élément suffisant de preuve directement et exclusivement applicable au litige qui lui était soumis, et que sa sentence, s'appuyant uniquement sur cette enquête et sur cette expertise, manquait de base légale ; qu'il suit de là qu'en décidant le contraire, et en confirmant, en conséquence, ladite sentence, le jugement attaqué a faussement appliqué l'art.

806 C. pr. civ., et violé ledit article ainsi que l'art. 41 du même Code ;

Par ces motifs, et sans qu'il soit besoin de statuer sur le deuxieme moyen du pourvoi ; — casse etc.

CHAPITRE V.

Procédure. — Expertise.

BAUX : CONDITIONS SPÉCIALES. — OFFRES — SOLIDARITÉ DEMANDES COLLECTIVES. — FRAIS ET DÉPENS.

« Les propriétaires ou fermiers qui auront « des demandes à former pour constater le « dégat causé par le gibier et les bêtes fauves « aux grains ou vignes, seront tenus de se « pourvoir devant les Juges des eaux et forêts « des lieux pour faire *procéder par experts,* « en présence des parties intéressées, où elles « dûment appelées, *à trois visites* des terres « prétendues endommagées, lesquelles seront « désignées par tenant et aboutissant.

« *La première visite* se fera dans les trois « mois, à compter du jour de la semence, « sans cependant qu'elle puisse être faite au « delà du mois de janvier ; les experts dans

« leur rapport seront tenus de déclarer la
« nature et la qualité du sol, et espèce de
« grains, de prendre les déclarations des
« propriétaires et habitants voisins, pour savoir
« si les terres prétendues endommagées ont été
« bien cultivées et ensemencées ; si les grains
« étaient bien pris et étaient bien venants ;
« si le dommage a été fait par le gibier, son
« espèce, d'où il peut provenir, et enfin
« l'étendue du terrain endommagé.

« *La seconde visite* aura lieu dans le courant
« du mois d'avril et de mai pour connaître
« l'état des grains, si le premier dommage
« a subsisté ou diminué, s'il y en a eu de
« nouveau et la cause du rétablissement,
« diminution ou augmentation.

« *La troisième visite* sera faite lors de la
« maturité des grains, et avant la récolte,
« pour constater ce que la partie endommagée
« aurait pu produire relativement aux terres
« voisines, et en estimer la valeur suivant les
« mercuriales des lieux, tant en grains que
« paille, déduction faite des frais de récolte
« et de battage des grains. »

Telle est la principale disposition contenue dans l'arrêt du *Parlement de Paris* du 21

Juillet 1778, dont les mesures avaient été édictées à peine de déchéance et de non recevabilité des demandeurs dans leurs actions.

M. Sorel, loin de considérer cet arrêt comme étant tombé en désuétude, estime au contraire qu'il a toujours force de loi et qu'il détermine encore aujourd'hui la procédure à suivre en cette matière.

Malgré cette opinion, la jurisprudence d'accord avec la plupart des auteurs a formellement déclaré que ces prescriptions centenaires avaient été abrogées par le code de procédure [1] et que cette règle ne pouvait plus être imposée au Juge [2].

Les trois expertises énumérées plus haut ne sont donc plus indispensables.

Il arrive même souvent dans la pratique que la réclamation est faite tardivement

---

(1) Comment, en effet, constater, comme le voulait le Parlement, l'état de culture et d'ensemencement, alors que le dommage n'était encore que possible, purement éventuel et que le droit du réclamant n'était pas encore né ?

(2) Ni le code de procédure, ni la loi du 25 Mai 1838 n'ont prescrit aucune forme particulière pour la constatation des dommages commis aux champs par le gibier.

et qu'il n'est plus temps de procéder à la première expertise [1]

Il a été jugé que dans ce cas, les experts pourraient être chargés de suppléer soit par leur expérience, soit par l'audition de témoins à la première constatation. [2]

Et même, lorsque, la récolte étant enlevée, les constatations matérielles ne sont plus possibles, le Juge peut autoriser les experts à établir l'importance du préjudice *par*

---

(1) Le code de procédure ayant abrogé les dispositions du dit arrêt du Parlement; les tribunaux saisis d'actions en dommages-intérêts pour dégâts causés par le gibier aux récoltes, peuvent statuer sur ces actions, alors même qu'il n'aurait été procédé qu'à une seule visite des terres prétendues endommagées ; et de plus ces actions peuvent être introduites collectivement par les parties intéressées. (Tribunal civil de Melun. Jugements des 21 et 28 Février 1862.)

(2) Il est vrai que, lorsque la récolte a été enlevée il devient souvent impossible de constater sérieusement l'importance du dommage ; l'action en réparation ne peut plus, en ce cas, être utilement intentée, car il ne suffit pas de prouver que le bois contient un grand nombre de lapins, il faut établir qu'ils ont endommagé la récolte et dans quelle proportion. (Voir en ce sens jugement du Juge de paix de Mantes du 7 décembre 1885. Déc. n° 60.)

commune renommée (1), à entendre des témoins à titre de renseignements, et arriver ainsi à connaître le dommage qui a pu être causé.

Cour de cassation Ch. req. 31 Juillet 1872.
(Dal. p. 1872. 1.489)

id. Ch. req. 5 Mai 1884. (2)
Dal. p. 1884 1.295 (V. décision n° 57)

---

(1) Cependant M. Carré (Moniteur des juges de paix, année 1885, page 455) estime que si les expertises et les visites de lieux sont impossibles, le juge peut et doit débouter purement et simplement de la demande tardivement faite, puisqu'elle n'est et ne saurait être justifiée par les preuves en usage.

(2) Voici dans quelles circonstances fut rendue cette décision :

Différents propriétaires voisins de la forêt de Coucy ont, au cours de l'année 1883, saisi le Juge de paix d'une demande en dommages-intérêts contre le locataire de la chasse de la dite forêt, à raison du préjudice qu'auraient causé les lapins à leurs récoltes de 1882 et 1883.

Leur demande ayant été accueillie en principe par le Juge de paix, des experts furent nommés par ce magistrat pour procéder à l'évaluation du préjudice ; et, en ce qui concernait spécialement la récolte de 1882, qui était enlevée depuis lontemps et à l'égard de laquelle les constatations de visu étaient en conséquence impossibles, il a autorisé les experts à établir l'importance du préjudice par commune renommée, et à recueillir, à cet effet, tous renseignements pour éclairer leur religion.

Le tribunal civil de Laon a confirmé cette décision et la Cour de cassation l'a santionnée le 5 mai 1884.

D'ailleurs la loi n'ayant ni limité ni précisé les moyens à l'aide desquels la résponsabilité peut être établie et le dommage apprécié, la plus grande latitude est laissée au Juge de paix qui *suivant les circonstances de la cause, aura la faculté de prendre telles mesures d'instruction qu'il jugera utiles pour éclairer sa religion.*

Il ordonnera, par exemple, une ou plusieurs expertises (1) ;

Il nommera et choisira les experts. (2) ;

---

(1) Le juge n'est pas lié par le rapport d'experts et il peut en écarter complètement les conclusions si elles ne lui paraissent pas fondées. — Il peut toujours ordonner une nouvelle expertise et les parties ne peuvent s'y opposer.

(2) Les juges de paix ne pouvant, en dehors des actions dont ils sont régulièrement saisis, ordonner aucune mesure d'instruction préalable, il s'en suit que la nomination d'experts faite sur simple requête antérieurement à l'action principale est nulle. (Tribunal civil de Melun jugements des 21 et 28 février 1862).

Les parties n'ont pas le choix des experts ; c'est le juge de paix qui doit désigner les experts chargés de l'assister dans une visite de lieux (Cour de cassation Ch. req. 20 Janvier 1873.)

Lorsqu'une expertise est ordonnée le juge de paix doit nommer 3 experts à moins que toutes les parties en cause ne demandent la désignation que d'un seul expert. (Cour de Cassation Ch. civ. 17 Juin 1885 ; Dal. p. 1886. 1.215 V. déc. n° 58.)

Il pourra, assisté d'experts et en présence des parties, se transporter sur les lieux litigieux, (1) entendre des témoins etc.

Si l'affaire est minime et lui paraît ne pas comporter les frais d'une expertise, il se contentera de faire lui-même la visite des lieux et de se renseigner auprès de personnes compétentes ;

Il pourra déterminer le chiffre des dommages intérêts en appréciant d'office et sans expertise les dégats causés d'après les éléments qui sont en sa possession, si ceux-ci lui paraissent suffisants ;

Cour de cassation Ch. req. 28 Avril 1862.

(Dal. p. 1862. 1.334)

---

(1) L'absence du juge de paix à l'une des séances de l'expertise n'en entraîne pas la nullité, si le jugement constate que celles des visites auxquelles ce magistrat s'est trouvé présent ont suffi pour asseoir son opinion sur le litige dont il était saisi (Cour de cassation Ch. req. 13 Mai 1868).

Du reste, l'art. 42 du code de procédure civ. ne prescrit pas, à peine de nullité la présence du Juge de paix à l'expertise qu'il a ordonnée. — L'art. 8 du tarif de 1807 dit que le juge ne doit se transporter sur les lieux litigieux que lorsqu'il aura trouvé ce transport nécessaire, sa présence à l'expertise étant purement facultative. (Cour de cassation Ch. civ. 2 Décembre 1868).

En se fondant sur les documents de la cause et les renseignements fournis par les parties, le Juge de paix aura aussi la faculté de rejeter une demande en nouvelle expertise,

Cour de cassation Ch. req. 22 Avril 1873.
Dal. p. 1873. 1.476 (V. décision n° 43 bis)

et dans le cas d'expertise irrégulière, (1) il pourra détenir aux débats le rapport d'experts, mais seulement à titre de simples renseignements, et il statuera valablement pourvu que le jugement ne se base pas uniquement sur cette expertise.

Cour de cassation Ch. req. 22 Juillet 1885.
Dal. p. 1886. 1:308 (V. décision n° 59)

Après enquête et expertise, et alors qu'il a ordonné une nouvelle expertise, pour déter-

---

(1) Est irrégulière et entachée de nullité l'enquête ordonnée par le juge de paix, lorsque ni le jugement qui l'a prescrite, ni l'ordonnance qui en fixe le jour et le lieu, ni la signification de cette ordonnance ne mentionnent l'heure à laquelle il doit être procédé à l'enquête. (Trib. civ. de Blois 23 février 1887. — V. déc. n° 62).

Cependant l'art. 29 § 2 Code procéd. civ. qui prescrit d'indiquer dans la cédule de la citation l'heure à laquelle il sera procédé à l'enquête, n'impose point cette mention à peine de nullité.

(2) L'irrégularité de l'expertise entraîne la nullité du jugement qui se fonde sur le rapport d'expert. (Cour de cassation 24 Décembre 1883. — J. de P. 1885. 1.490).

miner la totalité du dommage, il aura encore le droit de condamner auparavant le locataire de la chasse dont la faute ou la négligence aura été reconnue, à des dommages intérêts par état. - Et s'il n'a pas été procédé à cette expertise, le défendeur pourra, en conformité de l'art. 1382 du code civ., être condamné aux dépens à titre de dommages intérêts.

Cour de cassation Ch. req. 19 Mars 1883.

Dal. p. 1884. 1.56 (V. décision n° 28)

D'un autre coté, il est évident que pour fixer le chiffre de l'indemnité, le Juge tiendra compte des conditions atmosphériques dans lesquelles s'est effectuée la récolte, car le propriétaire ne pourrait être forcé à payer, par exemple les gerbes de blé à la valeur qu'elles auraient eue si elles avaient été récoltées par un beau temps, alors que la récolte n'a pu être rentrée que dans des conditions défavorables ; — il prendra également en considération pour la fixation de cette indemnité le fait de louer un champ à un taux inférieur à cause du voisinage de la forêt. (1)

Tribunal civ. de Corbeil 9 Décembre 1846

(V. décision n° 41)

---

(1) Voir ce qui est énoncé au Chapitre III sur la *servitude naturelle.*

Enfin, après avoir employé tous les moyens qu'il a cru convenables pour se rendre compte tant du degré de responsabilité du défendeur et du demandeur, s'il y a lieu, (1) que de l'importance du préjudice causé, le Juge déterminera souverainement le chiffre de l'indemnité à accorder au demandeur.

Cour de cassation Ch. req. 16 Mai 1881.
Dal. p. 1882 1.14 (V. décision n° 8)

*
* *

Quant aux experts, (2) ils doivent rester dans les limites des attributions que le juge

---

(1) Nous avons vu précédemment qu'en cas de faute commune, les dommages étaient partagés entre les parties.

(2) Le serment des experts constitue une formalité substantielle qui doit être accomplie à peine de nullité ; le juge de paix ne peut en dispenser sans le consentement des parties. (Cour de cassation Ch. req. 5 Juillet 1882).

L'omission du procès-verbal qui dans les affaires sujettes à appel doit constater le serment des experts et être signé par le Juge de paix, le greffier et les experts, est une cause de nullité (code de procédure art. 41, 42) ; surtout s'il est établi que les experts n'ont pas prêté serment et en ont été dispensés par le juge sans que les parties aient été consultées. (Cour de cassation Ch. civ. 11 Juin 1856.)

leur a conférées, et ne peuvent outrepasser le mandat qui leur est donné et qui est déterminé par le jugement ordonnant l'expertise.

Ils ne peuvent donc, sans l'autorisation expresse de toutes les parties en cause, modifier l'objet de leur expertise en l'étendant à des faits sur lesquels ils n'étaient pas appelés à s'expliquer.

Cour de cassation Ch. civ. 19 Novembre 1878.
G. P. 1879. 263. (V décision n° 55)
id. Ch. civ. 28 Février 1881.
G. P. 1881. 1200 — (V. décision n° 56)
id. Ch. civ. 1er mars 1881.
Dal. p. 1881. 1.300 (V. décision n° 26)

Ils n'excèdent cependant pas les bornes de leur mission, lorsque *du consentement des parties* et à plus forte raison *sur leur réquisition*, ils entendent des témoins (1) et consignent dans

---

(1) Si les tribunaux en ordonnant une expertise, ne peuvent pas déléguer aux experts le soin de faire une enquête dans le sens des art. 352 et suivants du Code de procédure civile, c'est-à-dire une enquête officielle et légale, rien n'empêche qu'ils les chargent de recueillir « tous renseignements de nature à faciliter la solution des questions en litige », et le rapport fait par les experts dans cette mesure, échappe à toute critique, s'il n'apparaît pas, d'ailleurs, des qualités de la décision attaquée que les témoins aient été cités et qu'ils aient prêté serment. (Cour de cassation Ch. req. 6 novembre 1888. Gaz. trib. 10 novembre 1888).

leur rapport tous renseignements utiles à la manifestation de la vérité.

Cour de cassation, ch. req. du 31 Juillet 1872 ;
G. P. 1873. 31. — (V. décision n° 54)

Mais à moins qu'ils en soient spécialement chargés, la mission des experts consiste non pas à rechercher la responsabilité, mais à apprécier l'importance du dommage. (Cour de cass. ch. civ. 27 Juillet 1880 et 28 Juillet 1881).

*
* *

Baux de chasse. — *Réserves.* — Le propriétaire d'une chasse qui a loué les champs voisins en imposant cette condition expresse contenue dans l'acte de bail que « le fermier s'engage « d'avance à renoncer à tous recours contre lui « au sujet des dégats commis par les lapins de « son bois » ne peut être reconnu responsable, les conventions faisant la loi des parties. La clause ci-dessus est parfaitement licite et doit recevoir son exécution, quelle que soit la gravité des dommages. (Cour de cass. ch. civ. 13 Juillet 1855) ; et alors surtout que le fourrage a été fixé en tenant compte de cette circonstance. (1)

(1) Un arrêt de la Cour de cassation du 19 Janvier 1863 (Dal. p. 1863. 1.248) a déclaré nulle comme contraire

Tribunal civ. de Nivelles 19 Avril 1887.

(Voir déc. n° 63)

Mais il peut être actionné en dommages intérêts malgré la condition suivante insérée dans le bail de chasse : « Le preneur devra « souffrir tous les cas fortuits, prévus ou « imprévus, ordinaires et extraordinaires ».

En effet, les dommages causés aux champs par le gibier peuvent toujours être prévus et ne sont pas considérés comme des cas fortuits. (V. Leblond n° 419).

D'un autre côté, lorsque le bailleur d'une chasse s'est réservé le droit de procéder lui-même à la destruction des lapins pour le cas où ils causeraient des dégâts à sa propriété, il est mal fondé à réclamer une indemnité au locataire de la chasse qui n'a pas favorisé la multiplication de ces animaux.

Cour d'appel Rouen 18 Février 1887.

Gaz. trib. 9 avril 1887 (V. décision n° 61)

à l'essence même du contrat de louage et à l'art. 1719 C civ. la clause d'un bail portant que le preneur « renonce à former pendant tout le cours du bail, aucune action en dommages-intérêts contre le bailleur, et à intenter contre lui aucune action quelconque, devant quelques tribunaux ou cours que ce soit, pour quelque cause que ce puisse être. » Mais il est à remarquer que cette clause affranchissait le bailleur d'une manière absolue de toute espèce de responsabilité.

Offres. — Dans le cas où plusieurs visites seraient ordonnées, le demandeur pourrait, lors de la première visite, refuser les *offres* faites par le défendeur comme réparation du préjudice causé à une récolte par les lapins; — ces offres ne peuvent produire aucun effet, car elles ne reposent sur aucune donnée certaine puisqu'il n'est pas possible de fixer par un chiffre l'étendue du dommage, la récolte n'étant pas encore arrivée à maturité.

Justice de paix de Gisors 29 Juillet 1887.

(V. décision n° 65)

et le propriétaire de la récolte qui n'a pas accepté les offres ainsi prématurément faites ne doit pas être condamné aux frais et dépens de l'instance, alors même que l'expertise et la sentence fixent le montant du dommage à une somme inférieure à celle qui a été offerte.

Solidarité. — Si l'action est dirigée contre plusieurs personnes, celles ci seront-elles, en cas de condamnation, solidaires, et l'indemnité à payer sera-t-elle proportionnelle au préjudice causé par chacune d'elles ?

Il est évident que l'indemnité à payer doit-être, en ce cas, répartie proportionnellement au dommage et à la faute commis par les différents propriétaires de bois bornant le même champ ; mais nous estimons qu'il n'y a pas de solidarité entre eux.

La solidarité, en effet, doit résulter, soit de conventions expresses, soit de la loi, et il n'existe aucun texte de loi que l'on puisse invoquer en sa faveur, l'art. 55 du code pénal s'appliquant aux délits et non aux quasi délits.

Demandes collectives — L'association formée entre plusieurs propriétaires voisins en vue de poursuivre la réparation des dégâts causés à leurs récoltes par le gibier, présente un caractère absolument licite ; aussi la convention par laquelle les dits propriétaires se sont constitués en syndicat pour la protection et la défense commune de leurs intérêts, est elle valable,

Cour de cassation ch. civ. 7 Décembre 1887.

Gaz. trib. 28 décembre 1887 (V. déc. nº 66)

et les juges du fond apprécient souverainement dans les limites de leur pouvoir d'interprétation, si, en désignant dans l'acte de syndicat, un tiers chargé de défendre les droits et intérêts de l'association, les syndicataires ont entendu conférer à ce tiers mandat de les représenter en justice dans les instances relatives à l'objet de l'association. (même arrêt du 7 décembre 1887).

Frais et dépens. — Aux termes de l'art. 130 du code de prov. civ., toute partie qui succombe doit être condamnée aux frais et dépens.

Il est juste de faire supporter ces frais par les parties, en raison des fautes commises, mais le Juge est investi d'un *pouvoir d'appréciation absolu* en ce qui concerne la répartition des frais entre plaideurs qui succombent respectivement sur une partie quelconque du litige.

Cour de cassation Ch. req. 16 Mai 1881.
Dal. p. 1882. 1.14 (V. décision n° 8)

id. Ch. req. 18 Juillet 1887.
G. P. 4 Janvier 1888. (V. décision n° 40)

DÉCISIONS.

N° 54. — *Cour de cassation Ch. req. Arrêt du* 31 *Juillet* 1872.

Attendu qu'il résulte des faits établis et invoqués par les demandeurs que les experts avaient été chargés de vérifier, en prenant tous les renseignements propres à éclairer la justice sur tous les points litigieux : 1° si etc. 2° etc ; — Que les experts ont entendu, à titre de renseignements, les témoins qui leur ont été indiqués par les parties, qu'ils ont ensuite pratiqué une brèche etc., et que ce n'est qu'après avoir constaté les résultats de cette opération qu'ils y ont adapté les indications qu'ils avaient recueillies en les combinant avec leurs observations personnelles, pour en déduire leur avis sur la double question qui leur était soumise ; — qu'il n'est donc pas exact de dire qu'ils n'ont fondé leur opinion que sur les dépositions des témoins entendus ; — Et attendu, en droit, qu'il est de principe incontestable que les experts peuvent toujours, soit d'office, soit à plus forte raison lorsqu'ils y ont été, comme dans la cause, expressément autorisés par la Justice, recueillir et consigner dans leur rapport les informations qui leur paraissent utiles à la manifestation de la vérité ; — Qu'il suit de là que les experts n'ont point comme dans l'espèce, en entendant des témoins à titre de renseignements, excédé les bornes légales de leur mission ; — mais que, en fut-il autrement, les demandeurs en concourant eux-mêmes à indiquer les témoins qui ont été entendus, et en n'élevant à cet égard devant le tribunal, aucune réclamation contre le rapport, auraient couvert l'irrégularité commise et se seraient rendus non recevables à en exciper ultérieurement devant la Cour d'appel ; — Qu'ainsi au fond comme dans la forme, il n'y a aucunement lieu de s'arrêter au grief du pourvoi..... ; rejette etc.

N° 55. — *Cour de cassation Ch. civ. Arrêt du* 19 *Novembre* 1878.

Attendu que l'expert a fait porter ses investigations et a donné son avis sur des points accessoires à sa mission, à la demande formelle des parties, et après avoir reçu leurs observations respectives ; que celles-ci ne peuvent lui reprocher d'avoir excédé sa mission ; — Attendu que la cour, en s'appropriant le rapport de l'expert, et en ajoutant des motifs, relativement aux points contestés, a apprécié et réglé les difficultés pendantes entre les parties dans les limites de ses pouvoirs, et a régulièrement motivé sa décision ; que l'arrêt attaqué n'a donc violé aucun des articles relevés par le pourvoi ; — rejette.

N° 56. — *Cour de cassation Ch. civ. Arrêt du* 28 *février* 1881.

Vu les art. 29 et 392 C. procéd. — Attendu que suivant ces dispositions, l'objet de toute expertise doit être déterminé par le juge, et qu'il n'est pas permis aux experts de porter leurs recherches sur des faits placés en dehors de la mission qui leur a été donnée ; —

Attendu que, si le mandat des experts comporte dans son exécution une certaine latitude, et s'ils ont le droit de recueillir par divers moyens, sur l'objet de l'expertise, les renseignements qui peuvent servir à la manifestation de la vérité, ils n'ont le pouvoir de le faire que dans la limite des attributions que le juge leur a conférées, et ne peuvent, sans le consentement de toutes les parties, modifier l'objet de l'expertise en l'étendant à d'autres faits que ceux qui ont été soumis à leurs investigations ; —

Attendu, en fait, que le jugement avait expressément limité la mission des experts aux constatations matérielles concernant les dommages causés aux récoltes de la ferme de Marnay, et à l'indication des lieux d'où les animaux nuisibles paraissent être venus ; que les faits de nature à engager la responsabilité du propriétaire de la forêt avaient été formellement réservés ; que, cependant, les experts ont, dans leur rapport, relaté avec détails, et en les appréciant, divers faits tenant à cette responsabilité et concernant soit l'introduction du gibier dans la forêt dont s'agit, soit le caractère des chasses faites ou permises par le propriétaire ; — Attendu qu'il ne résulte pas du rapport que ces faits aient été énoncés ou discutés en présence des parties, dans le cours des visites de lieux auxquelles elles assistaient ; qu'ils sont, au contraire, consignés à la fin du rapport dans le compte-rendu d'une opération à laquelle les parties n'assistaient pas ; que les experts déclarent les attester tant par la connaissance personnelle qu'ils en ont, que par les renseignements recueillis près des personnes dignes de foi ; — Attendu qu'en comprenant ainsi dans les constatations de leur rapport des faits sur lesquels ils n'étaient point appelés à s'expliquer, et sur lesquels les parties n'avaient point présenté leurs observations contradictoires, les experts ont commis une infraction à l'un de leurs devoirs essentiels et porté une atteinte grave à la libre discussion ; — Attendu qu'il résulte, d'autre part, des termes du jugement attaqué que le tribunal de Chaumont a fondé principalement sa décision sur ce rapport des experts dont la nullité lui était expressément demandée à raison de l'irrégularité sus mentionnée ; qu'en refusant dans ces circonstances d'annuler l'expertise et en s'appuyant lui-même sur les constatations des experts pour infirmer la sentence qui lui était déférée, le tribunal de Chaumont a violé les dispositions de loi sus visées et le droit de la défense ; — Casse etc.

N° 57. — *Cour de cassation Ch. req. Arrêt du* 5 *Mai* 1884.

Attendu que le jugement attaqué n'a pas ordonné une enquête pour évaluer le préjudice causé par les lapins aux récoltes du s[r] Grandin, dont le demandeur en cassation a été déclaré responsable à la suite d'une enquête régulière ; — qu'il s'est borné à prescrire une expertise pour l'évaluation du préjudice, et, qu'en reconnaissant l'impossibilité de procéder *de visu* pour la récolte enlevée, il a pu légalement autoriser les experts à procéder par voie de commune renommée, et à entendre des témoins à titre de renseignements ; — que pour l'avoir ainsi jugé, la décision attaquée n'a ni commis un excès de pouvoir, ni violé la loi ; — par ces motifs, rejette.

N° 58. — *Cour de cassation Ch. civ. Arrêt du* 17 *Juin.* 1885.

Vu l'art. 303 c. pr. — Attendu qu'il résulte de cet article que le consentement des parties est nécessaire pour qu'il soit procédé à l'expertise par un seul expert ; — attendu que, dans l'espèce, l'expertise a été demandée par Belier, et que le tribunal a ordonné qu'il y serait procédé par les trois experts dont les parties conviendraient, sinon par les trois qu'il a désignés ; — Attendu que Belier a demandé la confirmation de ce jugement, et qu'il n'appert en aucune façon du consentement des parties en cause à la nomination d'un seul expert ; que, cependant l'arrêt attaqué a réduit, pour la vérification demandée le nombre des experts de trois à un. En quoi il a violé l'art. de loi sus visé ;— Casse.

N° 59. — *Cour de cassation Ch. req. Arrêt du* 22 *Juillet* 1885.

Attendu, d'une part, qu'il résulte des déclarations de l'arrêt attaqué qu'il ne fait pas de l'expertise close le 1er mai 1882, la base de sa décision ; qu'il décide même expressément que cette expertise n'offrant pas à cet égard les garanties suffisantes, ne doit rester aux débats qu'à titre de renseignements quant aux constatations matérielles qu'elle renferme ; que les documents versés au procès, notamment ladite expertise étaient suffisants pour mettre la cour en état de prononcer en connaissance de cause ;

que si l'arrêt mentionne cette expertise au sujet des constatations matérielles, ce n'est qu'après avoir déclaré que ladite expertise n'était retenue aux débats qu'à titre de simple renseignement..... ; — Attendu, d'autre part, que les tribunaux peuvent, en annulant un rapport d'experts, prononcer au fond sans ordonner une nouvelle expertise, s'ils reconnaissent qu'il existe dans la cause des documents suffisants qui rendent cette expertise inutile ; que la cour d'appel pouvait, comme elle l'a fait, statuer au fond, après avoir constaté l'irrégularité de l'expertise de 1882, en déclarant que les documents versés au procès et les constatations faites par les experts étaient suffisants...;— rejette.

N° 60. — *Justice de paix de Mantes (S. et O). Jugement du* 7 *Décembre* 1885.

Attendu que Frichot, suivant exploit de Bailly, huissier à Meulan, en date du 21 novembre dernier, enregistré, a formé contre Bertin une demande en payement de 225 francs pour dommages causés à une récolte de carottes, semées sur une pièce de terre lui appartenant, par les lapins sortant des bois de Bertin, lesdits bois entourant sa pièce de terre ; — Attendu qu'à l'appui de sa demande Frichot a articulé à la barre et offert de prouver : — 1° Que la pièce de terre a été cultivée, fumée, préparée et ensemencée en carottes, en temps et saisons convenables ; — 2° Que la graine de carottes a parfaitement levée en mai ; — 3° qu'elle a été complètement ravagée et dévastée par les lapins sortant des bois de Bertin ; — 4° Que Bertin entretient une chasse importante dans des bois longeant ladite pièce de terre ; — 5° qu'il garde sévèrement sa chasse ; — 6° Qu'il élève du gibier et, par tous les moyens, en favorise la multiplication ; — 7° Que les dommages résultant des dégâts s'élèvent à 225 francs ; — Attendu que, en réponse à cette demande, Bertin a prétendu qu'elle était tardive, puisqu'il n'y avait plus, par une première expertise, possibilité, pour sont client ni pour la justice, de constater de quelle manière la pièce de terre de Frichot avait été cultivée, fumée, préparée et ensemencée, ni, par une deuxième et troisième expertise, quels pouvaient être les dégâts et quelle pouvait en-être l'importance, eu égard surtout aux constatations faites lors de la première expertise ; — Attendu que Bertin soutient encore que ces éléments d'appréciation ne sauraient résulter d'une enquête, la contre-enquête lui étant impossible, non prévenu qu'il était de la demande que l'on se réservait de former contre lui et n'ayant pu alors ni surveiller par lui-même ni faire constater par autrui tous les méfaits émanant de Frichot et ne pouvant venir à sa décharge complète ; — Attendu qu'il est de principe en jurisprudence et qu'il résulte notamment d'un arrêt de la Cour suprême du 16 avril 1883 qu'une triple mesure d'instruction doit être ordonnée en matière de dommages causés aux champs par des animaux ; le transport du juge sur les lieux pour constater l'existence des dégâts, l'enquête contradictoire pour en déterminer la cause et l'expertise pour fixer le montant du préjudice ; — Attendu qu'il résulte des déclarations de Frichot aux débats qu'il a, dans le courant d'avril 1885, semé dans sa pièce de terre de la graine de carrote ; — Attendu que, suivant encore sa déclaration, les lapins sortant des bois de Bertin seraient venus, dès le mois de mai, dévorer les pousses de carottes à mesure qu'elles sortaient de terre ; — Attendu cependant que Frichot est resté sans rien faire jusqu'au 21 novembre, époque où est complètement faite la récolte de ce légume ; — Attendu que, par son fait et sa négligence, il a enlevé à la justice la possibilité de constater d'une manière certaine et personnelle au magistrat l'existence des dégâts, leur importance et le montant réel du préjudice causé ; — Attendu que, dans ces circonstances, la demande est tardive ; — Attendu que l'offre de preuve n'est point pertinente, puisque, en admettant que les lapins soient trop nombreux dans la propriété de Berlin et qu'ils viennent dans la pièce de Frichot, les faits articulées sous les numéros 1, 2 et 7 ne pourraient ni permettre au défendeur de faire une contre-enquête, ni au juge d'asseoir d'une manière certaine son opinion sur le chiffre réel d'un préjudice quelconque ; — Que l'offre de preuve n'étant pas pertinente n'est pas admissible ; — Par ces motifs ; — Sans nous arrêter ni avoir égard à l'offre de preuve faite par Frichot, le déclarons non recevable et mal fondé en sa demande, l'en déboutons et le condamnons aux dépens. »

N° 61 — *Cour d'appel de Rouen. Arrêt du* 18 *février* 1887.

Attendu que, suivant procès-verbal dressé par M Foullon, notaire à Gisors, le 15 décembre 1881, enregistré, Guillaumet et consorts se sont rendus adjudicataires du droit de chasse dans la forêt de Gisors, contenant en superficie environ 457 hectares, ensemble sur les pièces de terre l'avoisinant sises terroir de Neaufles, le tout appartenant aux époux de Caraman ;

Que cette location était faite pour 12 années à commencer par l'année de chasse 1882-1883 et moyennant un fermage annuel de 6.100 francs.

Attendu que les époux de Caraman, reprochant aux adjudicataires d'avoir laissé les lapins se multiplier dans une proportion telle qu'ils auraient causé des dommages très considérables aux peuplements forestiers, ont, par exploit de Guincestre, huissier à Gisors, du 6 mars dernier, assigné les locataires de la chasse devant ce Tribunal, en payement de la somme de 104,000 francs pour les dégâts actuels, sous réserve de réclamer 208,000 francs pour les dégâts éventuels ;

Qu'ils appuient leur demande sur un constat par eux signifié, dressé à leur requête le 1er mars 1886, sur les déclarations de leur garde Letellier, régisseur de la forêt de Gisors ;

Attendu que les consorts Guillaumet protestent énergiquement contre les prétentions des époux de Caraman et concluent au rejet absolu de la demande par eux formée ;

Attendu qu'il s'agit en la cause, non pas du préjudice causé par le gibier aux voisins ou riverains, mais bien du préjudice causé aux propriétaires ou locataires eux-mêmes ;

Attendu que, sans avoir à se prononcer d'ores et déjà sur le point de savoir si le propriétaire d'une chasse qu'il loue fort cher, le droit de tuer le gibier se trouvant sur sa propriété en vue duquel la location est faite, peut demander à son locataire la réparation du dommage causé par ce même gibier, dans le cas où l'existence d'une faute serait établie à la charge de ce locataire dont elle engagerait la responsabilité, il importe au préalable de se reporter aux conventions existantes entre les parties et faisant leur loi, notamment, au cahier des charges qui a précédé l'adjudication du 15 décembre 1881 ;

Attendu que si l'article 12 dudit cahier des charges stipule formellement, à l'encontre du locataire, la responsabilité pendant toute la durée du bail, vis à-vis des riverains, des dommages causés par les lapins et autres animaux réputés nuisibles, en un mot pour toute espèce de gibier sans aucun recours contre les bailleurs ou propriétaires, les deux derniers paragraphes de cet article sont ainsi conçus : « En ce qui touche le dommage susceptible d'être causé à la propriété elle-même, dans le cas où la multiplication des lapins serait de nature à nuire aux peuplements forestiers, le représentant des propriétaires mettra le fermier en demeure de les détruire dans un délai déterminé, et, faute par le fermier de satisfaire à cette mise en demeure, il sera procédé à la destruction dont s'agit par les soins des gardes de la propriété. »

Qu'il suit de là que les propriétaires se réservaient le droit de détruire des lapins, le cas échéant ;

Que l'exercice par eux de ce droit, faisait cesser toute cause de préjudice, et qu'il est vraiment étrange de les voir réclamer des dommages-intérêts à raison d'un fait qu'il leur était loisible d'empêcher ;

Qu'ils pouvaient, en effet, suppléer eux-mêmes à une destruction, qu'il croyaient insuffisante ;

Attendu que les époux de Caraman l'avaient ainsi compris dès l'origine ;

Qu'en effet, à la date du 30 décembre 1884, visant l'article 12 ci-dessus, il mettaient en demeure les sieurs Guillaumet et consorts, de, dans le délai d'un mois, faire procéder à la destruction des lapins, avec déclaration que, faute par eux de ce faire, il y serait procédé par les gardes de la propriété ;

Attendu que, sur la signification à eux faite, requête des sieur Guillaumet et consorts le 3 janvier 1885, qu'il allait être procédé ainsi qu'il l'avait fait jusqu'alors à des chasses de destruction, les époux de Caraman sont restés complètement inactifs, et que leur inaction n'a cessé qu'à la suite d'une sommation du 9 janvier 1886, requête Guillaumet, se plaignant d'être troublé par ses bailleurs dans sa jouissance et du changement de la chose louée ;

Qu'alors seulement, c'est-à-dire plus d'une année après leur mise en demeure, ils ont, invoquant l'urgence, demandé la nomination d'experts à l'effet de constater les dégâts allégués, et ce par un référé introduit devant le président de ce Tribunal qui se déclara incompétent par ordonnance du 4 février suivant, condamnant les époux de Caraman aux dépens ;

Attendu que de tous les éléments versés aux débats résulte la preuve que si les époux de Caraman n'ont pas usé du droit à eux conféré par l'article 12 du cahier des charges, c'est qu'il leur avait été donné satisfaction ;

Qu'en effet, il est constant que Guillaumet et consorts ont usé de la chasse en bon père de famillle, qu'ils n'ont nullement cherché à favoriser le pullulement des animaux destructeurs en ne chassant pas suffisamment ;

Qu'au contraire, ils ont toujours fait en sorte de détruire le plus grand nombre de lapins possible ;

Qu'ils ont rempli strictement leurs obligations en chassant régulièrement et activement par eux-mêmes et avec de nombreux amis, pour empêcher la multiplication du gibier, soit pendant la saison de chasse, soit même après la fermeture, avec l'autorisation préfectorale, qu'aucune négligence ou faute susceptible d'engager leur responsabilité vis-à-vis des propriétaires ne saurait leur être imputée ; que le silence observé par ces derniers pendant plus d'une année après la mise en demeure est des plus significatifs ;

Que la lettre du 25 août 1885 émanant du mandataire des époux de Caraman, figurant en cette qualité à l'adjudication du 15 décembre 1881 et au cahier des charges qui l'avait précédée, laquelle lettre sera enregistrée en même temps que le présent jugement, le prouve encore à l'évidence et a une importance réelle aux débats ;

Qu'il en résulte au contraire la révélation d'une mésintelligence entre les locataires de la chasse, troublés dans leur jouissance, et le garde-régisseur Letellier, sinon auteur de ce procès, du moins inspirateur du constat dressé par l'huissier Guincestre pour lui servir de base ;

Attendu, en définitive, que si Guillaumet et consorts n'agissaient pas après mise en demeure, dans le délai imparti, les époux de Caraman, qui s'étaient réservé le droit de destruction, n'avaient qu'à faire détruire les lapins par leur garde, quand et comme ils aviseraient bien, ainsi que l'avait formellement stipulé en leur faveur leur représentant, lors de l'adjudication de 1881 et qu'ils ne sauraient baser leur demande sur de prétendus dommages, conséquence de leur inaction ;

Attendu, en ces circonstances, qu'à tous les points de vue l'action des époux de Caraman doit être dite à tort et rejetée ;

Sur l'expertise conclue :

Attendu que de ce qui précède, il n'y a pas lieu de recourir à une expertise.

Sur les dépens :

Attendu que les époux de Caraman, succombant doivent, aux termes de l'article 130 du Code de procédure civile, être condamnés aux dépens.

Par ces motifs,

Sans s'arrêter aux conclusions tant principales que subsidiaires des époux de Caraman, lesquelles sont rejetées ;

Les déclare mal fondés en leur demande, les en déboute et les condamne aux dépens. »

Sur l'appel interjeté par les époux de Caraman, la Cour de Rouen, sur les conclusions de *M. Petitier*, avocat général, a rendu l'arrêt suivant :

La Cour.

Adoptant les motifs qui ont déterminé les premiers juges ;

Et attendu qu'ils ont fait une juste et saine appréciation du sens et de la portée, tant de l'article 12 de l'acte du 15 décembre 1881, que de la signification du 3 janvier 1885 ;

Attendu que la partie qui succombe doit supporter les dépens ;

Par ces motifs,

Et sans avoir égard à la demande d'expertise, laquelle est rejetée comme inutile ;

Déboute les appelants de toutes leurs demandes, fins et conclusions, tant principales que subsidiaires ;

Confirme le jugement dont est appel ;

Condamne les époux de Caraman à l'amende et en tous les dépens.

N° 62. — *Tribunal civil de Blois. Jugement du* 23 *février* 1887.

Le Tribunal,

Attendu que M. le juge de paix de Cautres a, à la date du 13 novembre 1885, rendu un jugement interlocutoire ordonnant une enquête, sans indiquer le lieu, le jour et l'heure où serait reçue ladite enquête ; que c'est seulement par ordonnance du 2 avril 1886 qu'il en a fixé le jour et le lieu.

Mais que ni cette ordonnance, ni sa signification, contenant déclaration de se trouver à l'enquête, ne portent, ainsi que l'exige l'art. 29 C. pr. civ., la mention de l'heure à laquelle il serait procéder à cette enquête, où M. Coutenceau n'a pas comparu ; que l'enquête, reçue par M. le juge de paix du canton de Cautres, alors qu'à l'égard de M. Coutenceau il n'a pas été procédé au gré de la loi, et qu'il n'a pas été ainsi mis en demeure de se défendre, est nulle ; qu'elle est nulle encore parce qu'elle a, contrairement à l'art. 15 du même Code, été reçue plus de quatre mois après jugement interlocutoire du 13 novembre 1885, enregistré ;

Attendu qu'aucun incident, aucune force majeure n'ont empêché M. Rupert de procéder avant l'expiration des délais de péremption d'instance ; qu'il se trouve donc sans excuse légale ;

Par ces motifs,

Déclare nulle l'enquête du 12 avril 1886 ;

Déclare périmée et nulle toute la procédure suivie, et y compris le jugement du 13 novembre 1885 ;

Dit que l'enquête annulée ne pourra être recommencée.

N° 63. — *Tribunal civil de Nivelles. Jugement du* 19 *Avril* 1887.

Attendu qu'en vertu de l'art. 1719 C. civ., le bailleur est tenu de faire jouir le preneur pendant toute la durée du bail; que cette obligation est de l'essence même du contrat du bail ;

Attendu qu'il n'est toutefois pas interdit au bailleur d'imposer au locataire certaines restrictions de son droit, librement acceptées par lui, pour autant que ces restrictions ne puissent, au gré du premier ou par sa faute, dégénérer en une perte complète de jouissance, ce qui serait exclusif du contrat ;

Attendu que la validité ou l'interprétation d'une clause restrictive, en matière de bail, est dès lors une question de fait qui doit être appréciée par les tribunaux selon la nature des cas qui leur sont soumis ;

Attendu, dans l'espèce, que l'intimé s'est trouvé à à même d'apprécier la moins-value des terres qu'il a prises en location ; qu'il savait ou devait savoir que les bois situés à proximité de la propriété louée renfermaient des lapins et que, du reste, il résulte du bail signé par lui que le montant du fermage annuel, soit 115 francs pour environ un hectare de bonnes terres « a été fixé en conséquence ; »

Mais attendu qu'il était du devoir du propriétaire de ne pas aggraver la situation de son fermier par sa faute ou par sa négligence ; que l'appelant était tenu de faire jouir l'intimé pendant toute la durée du bail, dans la limite des stipulations de celui-ci ; que l'on ne peut admettre un instant que ce dernier, en acceptant la clause vantée par l'appelant, ait voulu par là lui laisser la faculté de favoriser indéfiniment la multiplication des lapins à son préjudice ; mais qu'elle doit, au contraire, être, interprétée en ce sens que le fermier, tout en acceptant le bien loué dans l'état où il se trouvait, entendait que cet état ne s'aggraverait pas pendant la durée du bail par le fait du bailleur ;

Attendu que, dans le cas contraire, l'appelant devait indemniser l'intimé du préjudice éprouvé par lui, dans ses récoltes de 1881 et 1882, et ce dans la limite où sa responsabilité se trouverait engagée ;

Attendu qu'il y a lieu, dès lors, d'admettre l'intimé à la

preuve des faits cotés par les conclusions prises en ordre principal devant le premier juge, et en ordre très subsidiaire devant ce Tribunal, à l'exception du fait coté sous le numéro 1 de ces dernières conclusions, datée du 27 mars 1887, lequel manque de pertinence au procès, de même que les faits côtés subsidiairement par l'intimé en premier ressort, et par l'appelant dans ses conclusions du 22 mars dernier ;

Attendu qu'il y a lieu également d'admettre en terme de preuve contraire, les faits dont l'appelant offre la preuve en ordre principal ;

Attendu qu'il y a également lieu d'ordonner d'office à l'intimé d'établir par toutes voies de droit, que le nombre des lapins qui se trouvent dans les bois de l'appelant a sensiblement augmenté pendant les années de 1881 et 1882 et que les dégâts ont été plus considérables pendant les années antérieures ;

Par ces motifs,

Rejetant toutes fins et conclusions contraires, reçoit l'appel, et, avant de faire droit, ordonne à l'intimé d'établir par toutes voies de droit, témoins compris, 1° que, etc.

N° 64 — *Cour de cassation Ch. req.* — *Arrêt* 6 *Juin* 1887.

Sur le moyen pris de la violation de l'art. 315 c. pr. (en ce que le jugement attaqué a déclaré valable une expertise, bien qu'elle ait eu lieu sans la présence d'une partie, et sans sommation préalable à elle régulièrement faite) ; — Attendu que du procès-verbal d'expertise dont le jugement a visé et s'est approprié les constatations, il résulte que la 1re visite des terrains litigieux par les experts a été faite en présence de toutes les parties, et que, si le s[r]

Roux, n'a pas assisté à la seconde, il avait été régulièrement averti de la date à laquelle elle devait avoir lieu, et qu'il y a fait défaut ; que les droits de la défense n'ont donc pas été méconnus dans l'espèce, et, qu'en rejetant les conclusions en nullité de l'expertise, le jugement attaqué n'a pas violé l'art. 315 sus visé ; — rejette.

N° 65 — *Justice de paix du canton de Gisors.* — *Jugement* 29 *Juillet* 1887.

« Nous, Juge de Paix » : — Vu la loi du 25 mai 1838, art. 5, § 1er ; les articles 1187, 1258, 1260, 1382 du Code de procédure civile ; — Vu nos jugements préparatoires des 13 mai, 8 et 15 juillet 1887 ; nos procès-verbaux de visites des lieux des 18 et 25 mai et 23 juin même année ; — Ouï les parties en leurs dires, moyens de défense et conclusions : — Attendu que, suivant exploit introductif d'instance du ministère de Saint-Martin, huissier près le Tribunal civil de la Seine, date du 4 mai 1887, Levasseur réclame à M. et Mme de Caraman 800 francs pour lui valoir de réparation du préjudice que lui causent les lapins de la forêt de Gisors, appartenant aux défendeurs, en détruisant la récolte de trèfle et bourgogne plantée sur une pièce de terre dont il est propriétaire, située commune de Neaufles-Saint-Martin, lieu dit *les Chantemelles*, contenant environ 2 h. 20 ; qu'il conclut en outre à ce que cette pièce de terre soit vue et visitée par des experts, à l'effet d'apprécier les dommages causés ; — Attendu que M. et Mme de Caraman ont mis en cause comme garants et responsables Guillaumet, Cognet et Rondeau, locataires de la chasse de ladite forêt et comme tels expressément tenus de répondre à toute action en indemnité de la part des riverains, ainsi qu'il résulte d'un bail au rapport de Me Foullon, notaire à Gisors, en date du 15 décembre 1881 ; — Attendu que M. Guillaumet est seul intervenu aux débats, défaut ayant été prononcé contre MM. Cognet et Rondeau, non comparants, quoique régulièrement cités, suivant notre jugement du 13 mai 1887, lequel ordonne que, les 18 du même mois de mai et 23 juin suivant, nous nous transporterons sur les lieux litigieux, avec l'aide et l'assistance de trois experts choisis par les parties, à l'effet de constater l'étendue des dégâts allégués, lesquels en principe n'ont jamais été méconnus par M. Guillaumet ; Attendu que ces deux visites ont été ainsi échelonnées en considération de ce fait, qu'au début de l'instance la récolte sortait à peine de terre et qu'elle ne devait arriver à maturité que vers la fin de juin ; qu'une appréciation unique, faite dans le mois de mai, eût été incomplète, insuffisante, le champ du demandeur pouvant continuer d'être ravagé par les lapins ; — Attendu que notre visite fixée au 18 mai a dû être remise à huitaine du consentement des parties, pour cause d'empêchement de l'un des experts ; Attendu qu'il résulte des procès-verbaux que nous en avons dressés les dits jours, 25 mai et 23 juin, que la récolte de trèfle et bourgogne a été endommagée en plusieurs endroits par les lapins de la forêt de Gisors, dont sont locataires MM. Guillaumet et consorts ; que le préjudice causé a été évalué à la somme de 75 frs ; — Attendu que les propositions d'arrangement contenues au procès-verbal du 23 juin, faites par Levasseur à Guillaumet dans un but de transaction, n'ayant pas été acceptées de ce dernier, l'affaire est revenue devant nous le 8 juillet courant ; — Attendu qu'à l'audience de ce jour le demandeur a exposé que, le 9 mai dernier, il ne pouvait accepter l'offre de 150 francs, qui lui avait été faite par M. Guillaumet pour lui valoir de dommage à sa récolte, parce que, à cette époque, il ne lui était pas matériellement possible d'apprécier les dégâts que les lapins pourraient y commettre ultérieurement ; que d'ailleurs, si en somme les dégâts constatés par les experts n'ont pas été plus grands, c'est parce que, postérieurement aux offres, M. Guillaumet a fait poser, en regard du champs de Levasseur, le long de la forêt de Gisors, un treillage en fil de fer, interceptant entièrement le passage des lapins ; que le dit Levasseur demande la condamnation des époux de Caraman, sauf tel recours que le droit, en payement de la somme de 75 frs fixée par les experts, ainsi qu'aux dépens de l'instance ; — Sur les offres : Attendu que, par exploit du ministère de Me Langlois, huissier à Gisors, M. Guillaumet, reconnaissant que les lapins provenant du bois dont il a la chasse ont causé et pouvaient encore jusqu'à sa maturité causer des dommages à la récolte excrue sur la propriété de Levasseur, a, le 2 mai 1887, offert à ce dernier, à deniers découverts, 150 francs pour les dégâts qui existaient alors et ceux qui pourraient se produire jusqu'à la maturité de la récolte pendante ; que cette somme a été déposée, le 5 du même mois, à la caisse des dépôts et consignations, aux Andelys, suivant procès-verbal dudit Me Langlois, précédé d'une sommation à Levasseur, en date du 3 dudit mois, aux fins d'assister à ce dépôt ; que, par acte du même huissier, en date du 10 mai, ces dépôt et consignation ont été signifiés à Levasseur, avec sommation de retirer la somme consignée ; — Attendu que, par notre jugement du 13 mai dernier, nous avons statué sur lesdites offres, que nous avons alors déclaré n'être pas justifiées, à défaut de production d'aucune pièce ; que les offres n'ont point été renouvelées à la barre du Tribunal, ainsi qu'on aurait dû le faire pour suppléer à l'absence de toutes juridictions ; que les pièces en question, notamment le procès-verbal d'offre et celui de consignation, c'est-à-dire celles mentionnées en l'article 1259 du Code civil, nous ont été produites pour la première fois à l'audience du 8 Juillet 1887 ; — Attendu que les experts, ont, le 23 juin dernier, fixé définitivement à 75 francs l'indemnité due à Levasseur ; — Que Guillaumet demande conséquemment que ses offres de la somme de 150 francs soient déclarées régulières, suffisantes et libératoires, et que par suite Levasseur soit condamné en tous les dépens ; — Mais attendu que l'on doit considérer comme absolument prématurées des offres faites le 2 mai, à l'occasion d'une récolte qui ne devait être arrivée à maturité qu'environ deux mois plus tard et devait rester ainsi, durant toute cette période, exposée aux ravages des lapins ; — Attendu qu'au 2 mai le dommage objet de ces offres n'était pas alors né, actuel ; que l'on ne saurait, par des offres aléatoires, suffisantes ou non, repousser une action en indemnité ou s'en libérer, alors que, d'une part, toute la charge de cette action appartient au demandeur, et que, d'autre part, comme en l'espèce, il ne dépendait que de M. Guillaumet de se soustraire à cette action en ne laissant pas multiplier les lapins dans une proportion considérable et réellement préjudiciable aux riverains ; — Que l'on devait attendre le résultat de la dernière expertise qui, au moment de la fauchaison, devait fixer d'une manière certaine pour tous le chiffre de l'indemnité ; qu'on ne peut faire un grief à Levasseur d'avoir refusé la somme offerte, encore bien que la suite des événements et certaines circonstances aient fait que le dommage ne dût être que de 75 francs ; qu'au nombre de ces circonstances se trouve le fait avancé par Levasseur, non méconnu par le représentant de M. Guillaumet et étant à notre parfaite connaissance, à savoir que, postérieurement aux offres du 2 mai, M. Guillaumet a fait poser sur la limite de la forêt, spécialement dans la partie avoisinant le champ de

Levasseur, un treillage en fil de fer à mailles serrées, lequel a mis fin instantanément aux incursions des lapins dans le champ dont s'agit ; — Attendu que les offres de Guillaumet ne sont ni en fait ni en droit conformes aux lois qui régissent la matière, spécialement aux articles 1187 et 1258 du Code civil ; qu'en effet M. Guillaumet ne peut pas prétendre que la somme offerte fût alors exigible, qu'elle représentât la totalité de sa dette, que le terme fût échu, enfin que les conditions ou circonstances donnant naissance à cette dette fussent alors réalisées ; — Attendu que l'action de Levasseur est intentée à bon droit ; que Cognet et Rondeau ne comparaissent pas, ni personne pour eux, quoique régulièrement cités ; — Sur les dépens : — Attendu que, si l'article 1260 du Code civil met les frais d'offres à la charge du créancier qui les a refusées, quoique suffisantes, c'est parce que le législateur suppose de la part du créancier un certain mauvais vouloir, l'intention d'être désagréable à son débiteur, ou du moins une appréciation erronée de ses droits actuels, de laquelle il a paru juste de lui faire supporter les conséquences ; que tel n'est point le cas ; — Par ces motifs, — Statuant en premier ressort et vidant notre délibéré, — Prononçons défaut contre Cognet et Rondeau ; Disons recevable de l'action de Levasseur ; prématurées, irrégulières et non libératoires les offres de Guillaumet ; Condamnons Cognet, Rondeau et Guillaumet, solidairemant entre eux, à payer à Levasseur la somme de 75 francs, à titre de réparation du préjudice causé à la première coupe de trèfle et bourgogne dans la pièce de Chantemelles ; — Les condamnons sous la même solidarité aux intérêts légaux et en tous les dépens ; — Déclarons les époux de Caraman, en leur qualité de propriétaires de la forêt de Gisors et de bailleurs du droit de chasse, responsables des condamnations en principal, intérêts et frais prononcés contre leurs locataires. »

N° 66. — *Cour de cassation Ch. civ. Arrêt du 7 décembre* 1887.

Attendu que l'acte du 12 février 1883, visé et apprécié par le jugement attaqué, établit que Butet et consorts, ainsi que plusieurs autres habitants du canton nord de Dourdan, se sont constitués en syndicat, en vue de poursuivre à l'amiable, et au besoin en justice, la prompte et légitime réparation, contre qui de droit, des dégâts occasionnés à leurs récoltes par le gibier, et dont sont responsables les propriétaires ou locataires de la chasse dans les bois environnants ;

Attendu qu'il établit encore que le fonds commun était destiné à faire face aux dépenses des diverses instances qu'il était nécessaire d'engager ; qu'enfin le sieur Amédée Courty, ancien notaire, était désigné pour défendre les droits et les intérêts de l'association dans la mesure réglée par ledit acte ;

Attendu qu'une convention semblable, ayant pour but de faciliter aux adhérents l'accès de la justice et de leur assurer ainsi, par les voies de droit, la juste réparation du dommage causé à leurs récoltes, constitue l'exercice d'un droit certain, et ne saurait, à aucun point de vue, être considérée comme contraire à l'ordre public ; qu'il y a donc lieu de rejeter cette première branche ; rejette etc.

CHAPITRE VI.

Péremption. — Prescription.

Le délai de péremption pour les affaires soumises à la juridiction des juges de paix est déterminé par l'art. 15 du code de procédure civile qui est ainsi conçu :

« *Dans le cas où un interlocutoire aurait été*
« *ordonné, la cause sera jugée définitivement*
« *au plus tard dans le délai de quatre mois du*
« *jour du délai interlocutoire ; après ce délai,*
« *l'instance sera périmée de droit ; le jugement*
« *qui serait rendu sur le fond sera sujet à*
« *l'appel, même dans les matières dont le juge de*
« *paix connait en dernier ressort et sera annulé,*
« *sur la réquisition de la partie intéressée. —*
« *Si l'instance est périmée par la faute du juge,*
« *il sera passible des dommages et intérêts.* »

Malgré les termes formels de ce texte qui prescrit au juge de paix de rendre le jugement dans les quatre mois du jugement interlocutoire, cet article est-il bien applicable dans la question qui nous occupe, alors que les visites ou vérifications ordonnées par le juge mettent elles-mêmes obstacle à ce qu'il soit définitivement statué dans ce délai ?

Certainement non, et ce point de doctrine qui avait été très vivement controversé [1] est aujourd'hui fixé par la Jurisprudence qui admet que la péremption n'a pas lieu si les mesures d'instruction ordonnées par l'interlocutoire n'ont pu être accomplies dans le délai de quatre mois. [2]

---

(1) Un arrêt de la Cour de cassation ch. civ. 26 Juin 1872 avait décidé que le délai de quatre mois dans lequel l'affaire devait être jugée par le Juge de paix dans le cas où un interlocutoire a été ordonné, courait du jour où un premier jugement interlocutoire a été rendu, et non pas du jour du dernier de ces jugements.

(2) L'instance peut aussi être valablement prorogée du consentement exprès des parties ; mais si, d'un commun accord, le jugement définitif peut être renvoyé après le délai de 4 mois fixé par l'art. 15 du code de proc., il ne dépend pas des parties d'abréger ce délai que la loi a cru

Du reste, il est évident que si le Juge de paix a rendu successivement plusieurs jugements interlocutoires, [1] ou ordonné plusieurs vérifications, ces vérifications peuvent rarement être faites et le jugement définitif peut être difficilement rendu dans le délai ci-dessus indiqué.

Certaines expertises même, qui demandent des visites de lieux à intervalles éloignés, deviendraient impossibles, si la péremption de quatre mois était toujours appliquée.

La péremption, dans ce cas, est donc nécessairement suspendue ; elle ne commence à courir que du jour de l'achèvement de ces vérifications ou du dernier des jugements interlocutoires, ou bien encore du jour du dépôt du rapport d'experts si une expertise avait eu lieu.

Cour de cassation Ch. civ. 30 Août 1880.

Dal. p. 1885. 5 263 (V. décision n° 67)

---

nécessaire d'accorder au Juge de paix pour que la cause soit convenablement instruite et examinée. (Cour de cass. 25 novembre 1884. — *voir décis. N°* 69.)

(1) Est interlocutoire et par suite susceptible d'appel le jugement qui, sur une demande en réparation d'un dommage causé aux champs dont le défendeur prétend n'être pas responsable, ordonne, avant faire droit, une expertise pour constater le dégat commis, une telle décision qui ordonne une vérification contestée préjugeant le fond. (Cour de cass. 7 Décembre 1885. — *V. déc. n°* 70.)

Cour de cassation Ch. req. 9 Avril 1884

(V. décision n° 68)

Justice de paix de Criquetot 12 Novembre 1886.

(V. décision n° 71)

Cour de cassation Ch. req. 16 février 1887.

Dal. p. 1887. 1.320 (V. décision n° 72)

Ce délai de péremption est encore suspendu par l'appel qu'une partie a cru devoir interjeter ; et alors le point de départ du délai se trouve reporté non pas au jour du jugement qui interviendra sur l'appel, mais au jour de la signification à avoué du jugement d'appel.

Cour de cassation Ch. civ. 25 novembre 1884.

J. d. p. 1886. 1.642 (V. décision n° 69)

Prescription. — L'action pour dommages aux champs, fruits et récoltes n'a pas besoin, comme l'action possessoire, d'être intentée dans l'année ; elle n'est régie par aucune loi particulière et elle est assujettie à la même prescription que l'action publique (30 ans à compter du jour où le fait dommágeable s'est accompli.)

DÉCISIONS.

N° 67. — *Cour de cassation, ch. civ., arrêt du* 30 *Août* 1880

Attendu qu'aux termes de la sentence du Juge de paix du canton de Rozoy, en date du 31 Mars 1877, il avait été ordonné qu'il serait procédé à autant de visites de lieux qu'il serait nécessaire, à l'effet de constater et d'estimer le dommage causé, et que les experts dresseraient de leurs opérations un rapport qui serait déposé au greffe ; Attendu que le procès-verbal de la 2me et dernière visite faite à la date du 23 Juillet, dressé par le Juge de paix, constate qu'après avoir parcouru les diverses pièces à examiner, les experts ont promis d'adresser leur rapport au Juge de paix qui les avait accompagnés dans leurs vérifications sans fixation d'aucun délai de la part de ce magistrat ; — Attendu que le rapport fut déposé au greffe de la Justice de paix, le 21 mars 1878 et que dès lors c'est seulement à partir de ce dépôt que le sieur Clériot a pu connaitre pour en faire la base de sa demande, l'étendue du dommage causé à ses récoltes et l'estimation fixée par les experts ; — Attendu qu'en cet état, le délai de quatre mois dans lequel la cause devait être définitivent jugée d'après l'art. 15 c. pr. civ. ne pouvait courir que du jour du dépot de ce rapport et qu'ainsi la reprise de l'instance principale avait été formée en temps utile, à la date du 25 Mars 1878, par le demandeur ; — D'où il suit que le jugement attaqué du tribunal de Coulommiers du 19 Juin 1879, en maintenant la péremption prononcée par le premier Juge, a faussement appliqué et en conséquence a violé l'art. 15 c. pr. civ. sus visé ; — casse etc.

N° 68. — *Cour de cassation Ch. req. Arrêt du* 9 *Avril* 1884.

La Cour ; — Sur le 1er moyen du pourvoi violation de l'art. 15 C. pr.) :

Attendu que, sur la demande en dommages intérêts formée par Bisemure contre Legendre pour dégâts commis par des lapins, le Juge de paix de Milly a ordonné, par un jugement d'avant faire droit du 9 Juin 1881, une expertise et une visite de lieux ; —

Attendu qu'à l'issue de ces opérations et le 2 Août 1881, le Juge de paix a ajourné les parties présentes pour être procédé à une enquête à l'audience sur les faits de négligence et d'imprudence articulés par le demandeur contre le défendeur, et que la mesure ainsi prescrite a été exécutée par les parties qui ont respectivement cité et fait entendre leurs témoins ;

Attendu que cette mesure constituait en réalité un second interlocutoire qui faisait courir au profit du demandeur un nouveau délai de quatre mois pour faire juger définitivement la cause, aux termes de l'art. 15 C. pr. ; —

Attendu dès lors, que le Jugement définitif rendu par le Juge de paix à l'audience du 10 Novembre 1881, l'a été avant l'expiration du délai de quatre mois et que en refusant de l'annuler comme tardif, le Jugement attaqué, loin de violer l'art. 15 C. pr. en fait au contraire une juste application.

Sur le 2e moyen du pourvoi (violation de l'art. 1382, C: civ.) ; —

Attendu qu'il est déclaré par le jugement attaqué que le bois de Legendre contient des terriers en grand nombre ; que celui-ci ne justifie pas *de diligences* pour opérer la destruction des lapins ; qu'au contraire il a apporté des restrictions à l'exercice de la chasse, notamment en renvoyant des chasseurs venus avec fusils et furets ; qu'il suit de là que Legendre a commis une faute ; — que dès lors le moyen proposé manque en fait : — Rejette.

N° 69. — *Cour de cassation. Ch. civ. Arrêt du* 25 *Novembre* 1884.

Attendu que dans le cas d'un interlocutoire ordonné par le juge de paix, le délai de quatre mois, à compter dudit interlocutoire, dans lequel la cause doit être jugée définitivement se trouve nécessairement suspendu dans l'appel qu'une des parties a interjeté, puisqu'elle use en cela d'un droit qu'on ne saurait lui dénier ; que, dès lors, le point de départ du délai de péremption se trouve reporté, non pas même au jour du jugement qui interviendra sur l'appel, mais au jour où le jugement aura été signifié à avoué, puisque, d'après l'art. 147 c. pr., il n'est pas susceptible d'exécution tant que cette signification n'a pas eu lieu ; — Attendu, en fait, que le jugement rendu dans la cause par le tribunal civil de Bordeaux, confirmatif de l'interlocutoire ordonné par le juge de paix de Possac a été signifié à l'avoué de Labet le 21 août 1880 ; que le délai de péremption n'etait donc point expiré quand le 22 novembre suivant, le juge de paix a prononcé définitivement sur le litige ; — Attendu que vainement on invoque en sens contraire, le contrat judiciaire intervenu entre les parties le 2 nov. 1880 qui aurait fixé l'expiration du délai au 21 du même mois ; qu'en admettant que cette convention eut le sens que lui prête le pourvoi, et que lui ont dénié les juges du fond, elle ne serait pas licite ; qu'en effet si le délai réglé part l'art. 15 c. pr. peut être prorogé par l'accord des parties, ce maximum ayant été fixé principalement dans leur intérêt, il ne dépend pas d'elles d'enlever au juge le délai que la loi a cru nécessaire de lui accorder pour la cause fut convenablement instruite et examinée, alors surtout que la péremption de l'instance par la faute du juge le rend passible de dommages intérêts ; — D'où il suit qu'en refusant à admettre la péremption de l'instance engagée devant le juge de paix de Rossac et la nullité de la sentence rendue le 22 novembre 1880, le jugement du 15 mars 1882 s'est conformé à la loi.

N° 70 — *Cour de cassation Ch. civ. arrêt du* 7 *Décembre* 1885.

Attendu que d'après l'art 452 du c. civ. sont réputés interlocutoires les jugements rendus lorsque le tribunal ordonne, avant faire droit, une preuve, une vérification ou une instruction qui préjuge le fond ; — Attendu, en fait, que le sieur Hincelin propriétaire des terres ensemencées voisines du bois de Grisolles, appartenant au sieur Gallice a fait citer celui-ci devant le juge de paix du canton de Neuilly Saint-Front pour faire condamner à des dommages à fixer par état, et qu'il a demandé d'abord une expertise pour faire constater les dégâts causés aux terres du demandeur par les lapins venant du bois ; que Gallice s'est opposé à cette vérification et à conclu à son relaxe parce qu'il avait fait tout ce qu'il était possible pour empêcher la trop grande multiplication du gibier ; que le juge de paix a préalablement ordonné la vérification réclamée par le demandeur, tous droits et moyens réservés ; que, Gallice ayant relevé appel de ce jugement, le tribunal de Chateau-Thierry a déclaré cet appel irrecevable, parce que la sentence attaquée était simplement préparatoire ; — Attendu que cette appréciation est manifestement erronée; que le juge de paix ayant ordonné une vérification contestée, son jugement préjugeait le fond et était interlocutoire ; qu'il importe peu que ce jugement réservât les droits et moyens des parties, cette réserve étant inhérente à tout jugement interlocutoire, qui laisse intacts les droits des parties et qui ne lie pas le juge ; que la décision attaquée a donc violé les dispositions de loi précitées ; — Casse etc.

N° 71. — *Justice de paix de Criquetot (S. I.) Jugement du* 12 *Novembre* 1886.

Attendu que l'art. 15 du code de Pr. civ. ne doit être appliqué qu'autant que le jugement interlocutoire ordonnant l'enquête ne porte pas obstacle à ce que les vérifications qu'il prescrit, soient faites dans le délai de quatre mois ; qu'il en est tout autrement, lorsqu'il est nécessaire que les opérations aient lieu à une époque plus éloignée et que dans ce cas le délai de quatre mois ne court que de la clôture du procès-verbal des experts ; Attendu que dans l'espèce les experts avaient pour mission d'évaluer les dégâts commis par les lapins ; qu'ils devaient, pour se rendre un compte exact des dommages, après avoir constaté l'état des pièces de terre au début de leurs opérations, examiner ensuite les récoltes arrivées à leur maturité ; qu'ils devaient ne pas laisser de côté dans quelles conditions les blés avaient épié, avaient mûri et avaient été enfin récoltés ; que si en effet ils avaient pu, du mois d'avril au mois de juillet, mesurer les places où le blé avait manqué, déterminer le nombre de gerbes que les lapins avaient mangé en herbe, ils ne pouvaient à cette époque fixer la valeur de ces gerbes, car le prix de la même quantité de blé sur pied varie chaque année suivant la qualité tant du grain que de la paille et ne peut être sérieusement fixée qu'au moment de la récolte ; — Que d'un autre côté le dommage provenant des épis mangés en herbe qui n'ont pas laissé de pousser, mais n'offrent pas le rendement normal de l'anné, ne peut être constaté que par comparaison avec les récoltes voisines au moment de leur maturité ; — Que par suite la fixation des dommages-intérêts ne pouvait avoir lieu dans les quatre mois à compter de notre jugement ordonnant l'enquête ; — Par ces motifs, — Rejetons comme mal fondées les conclusions en péremption d'instance déposées au nom de MM. Acher et Lecoq et statuant sur la demande d'enquête, etc.

N° 72. — *Cour de cassation* (*Ch. des req.*) *arrêt du* 16 *Février* 1887.

« La Cour : — Sur le premier moyen :.... (Sans intérêt) ; — Sur le deuxième moyen, pris de la violation des articles 15 du Code de procédure civile et 7 de la loi du 20 avril 1810 : — Attendu, en droit, que si, aux termes de l'article 15 du Code de procédure civile, dans le cas où un interlocutoire aurait été ordonné par le juge de paix, la cause doit être jugée définitivement dans le délai de quatre mois du jour du jugement interlocutoire sous peine de prescription, ce n'est qu'autant que les vérifications prescrites ne mettent pas obstacle à ce qu'il soit définitivement statué dans ce délai ; — Attendu, en fait, que le jugement interlocutoire du 18 avril 1884 n'ordonnait pas seulement une constatation immédiate de l'état des lieux, mais prescrivait en outre une expertise définitive qui ne devait avoir lieu que lors de la maturité des récoltes ; — Que le rapport des experts a été déposé le 18 août 1884 : que c'est seulement à partir de ce dépôt que le défendeur éventuel à pu faire les diligences nécessaires pour obtenir un jugement définitif ; que ce jugement a été prononcé le 21 du même mois ; — Attendu qu'en décidant que l'instance n'était pas périmée à cette date du 21 août 1884, le jugement attaqué (Trib. civ. de Béthune, 28 mars 1885), qui justifie d'ailleurs sa décision par des motifs explicites, n'a violé ni l'article 15 du Code de procédure civile, ni l'article 7 de la loi du 20 avril 1810 ; — Par ces motifs, rejette. »

TABLE

par ordre de dates des décisions dont le texte se trouve énoncé dans ce recueil.

TABLE DES MATIÈRES.

CHAPITRE III. — CONDITIONS DE LA RESPONSABILITÉ.

§ 1er Des faits de négligence ou d'imprudence constituant la faute.

A. *Des propriétaires et locataires de chasse.*

Circonstances principales pouvant entraîner la responsabilité :

B. *Des fermiers ou riverains.*

*
* *

§ 2me Existence du dommage. — Preuve.

CHAPITRE IV. — COMPÉTENCE.

CHAPITRE V. — PROCÉDURE. — EXPERTISE.

CHAPITRE VI. PÉREMPTION. — PRESCRIPTION.

www.ingramcontent.com/pod-product-compliance
Ingram Content Group UK Ltd.
Pitfield, Milton Keynes, MK11 3LW, UK
UKHW021057230726
13926UKWH00004B/1909